时代印记

王志艳◎编著

寻找

达·芬奇

延边大学出版社

图书在版编目（CIP）数据

寻找达芬奇 / 王志艳编著 . —延吉：延边大学出版社，2013.8(2020.7 重印)

ISBN 978-7-5634-5888-2

Ⅰ.①寻⋯ Ⅱ.①王⋯ Ⅲ.①达·芬奇（1452～1519）—传记—青年读物②达·芬奇（1452～1519）—传记—少年读物 Ⅳ.① K835.616.15-49

中国版本图书馆 CIP 数据核字 (2013) 第 210013 号

寻找达芬奇

编著：王志艳
责任编辑：孙淑芹
封面设计：映像视觉
出版发行：延边大学出版社
社址：吉林省延吉市公园路 977 号 邮编：133002
电话：0433-2732435 传真：0433-2732434
网址：http://www.ydcbs.com
印刷：唐山新苑印务有限公司
开本：690×960 1/16
印张：11 印张
字数：100 千字
版次：2013 年 8 月第 1 版
印次：2020 年 7 月第 3 次印刷
书号：ISBN 978-7-5634-5888-2
定价：29.80 元

前言

　　历史发展的每一个时代，都会有对后世产生巨大影响的人物，都会有推动我们前进的力量。这些曾经创造历史、影响时代的英雄，或以其深邃的思想推动了世界文明的进步，或以其叱咤风云的政治生涯影响了历史的进程，或以其在自然科学领域中的巨大成就为人类造福……

　　总之，他们在每个时代都留下了深深的印记，烙上了特定的记号。因为他们，历史的车轮才会不断前进；因为他们，每个时代的内容才会更加精彩。他们，已经成为历史长河的风向标，成为一个时代的闪光点，引领着我们后人走向更加深邃的精神世界和更加精彩的物质世界。

　　今天，当我们站在一个新的纪元回眸过去的时候，我们不能不提起他们的名字，因为是他们改变了我们的世界，改变了人类历史的发展格局。了解他们的生平、经历、思想、智慧，以及他们的人格魅力，也必然会对我们的人生产生深刻的影响。

　　为了能了解并铭记这些为人类历史发展做出过巨大贡献的人物，经过长时间的遴选，我们精选出一些最具影响力、最能代表时代发展与进步的人物，编成这套《时代印记》系列丛书，其宗旨是：期望通过这套青少年乐于、易于接受的传记形式的丛书，对青少年读者的成长产生潜移默化的影响，使他们能够从中吸取到有益的精神元素，立志奋进，为祖国、为人类作出自己的贡献。

前言

　　本套丛书写作角度新颖，它不是简单地堆砌有关名人的材料，而是精选了他们一生当中最富有代表性的事迹与思想贡献，以点带面，折射出他们充满传奇的人生经历和各具特点的鲜明个性，从而帮助我们更加透彻地了解每一位人物的人生经历及当时的历史背景，丰富我们的生活阅历与知识。

　　通过阅读这套丛书，我们可以结识到许多伟大的人物。与这些伟人"交往"，也会进一步提高我们的思想品格与道德修养，并以这些伟人的典范品行来衡量自己的行为，激励自己不断去追求更加理想的目标。

　　此外，书中还穿插了许多与这些著名人物相关的小知识、小故事等。这些内容语言简练，趣味性强，既能活跃版面，又能开阔青少年的阅读视野，同时还可作为青少年读者学习中的课外积累和写作素材。

　　我们相信，阅读本套丛书后，青少年朋友们一定可以更加真切、透彻地了解这些伟大人物在每个时代所留下的深刻印记，并从中汲取丰富的人生经验，立志成才。

导 言

Introduction

〜〜〜∽

　　列奥纳多·达·芬奇（1452—1519），意大利文艺复兴时期的著名画家和科学家，与米开朗基罗、拉斐尔并称为意大利文艺复兴时期的"艺术三杰"。同时，他还是一位多才多艺的雕塑家、发明家、哲学家、音乐家、医学家、生物学家、地理学家、建筑工程师和军事工程师。他一生未婚，为追求理想一直过着奔波和劳碌的生活；他的作品使科学和艺术完美地结合在一起，在世界美术史上堪称独步；他的《最后的晚餐》和《蒙娜·丽莎》更是绘画史上的传世佳作。

　　达·芬奇是一个农妇的儿子，他的父亲也仅仅是一位公证师。虽然出身卑微，但他自幼勤奋好学，智力过人。少年时期，他曾拜一位数学家为师，学习几何。后来，他又跟随艺术大师维罗奇奥学习绘画和雕塑，表现出了极高的绘画天赋。他总是随身携带笔记本，时刻留心观察生活。他的本子上画满了各种人物的面孔、表情、身躯等，以及各种自然风光、动物身躯等，这些都成为他创作的最好素材。

　　此外，他还无休止地进行着各种科学实验，研究飞行器，设计水力机器，观测天体，考察动植物的性能等，并设计制作了第一个救生圈、第一个降落伞、第一个照相机暗箱……

　　达·芬奇将科学与艺术巧妙结合，合理运用到他的绘画和雕塑中，从而使他在这一领域取得了辉煌的成就，创作出多幅流传至今的世界名画。

　　达·芬奇的画作中，在历史长河中永放光芒的不朽之作是他所创作的肖像画《蒙娜·丽莎》。这是西欧艺术史上第一幅心理肖像画。这幅作品也让

达·芬奇登上了艺术的顶峰。

达·芬奇是幸运的，生于文艺复兴那个俊才辈出的时代；但同时他又是不幸的，那个时代的米兰政治动荡不安，致使达·芬奇晚年走上了漂泊的生涯。他几乎终生都在为统治阶级服务，如同统治者的仆人。他因此得以生存，但也因此失去很多。他完全可以成为一名杰出的科学家，可惜的是，他所研究的科学最后都成了统治者的取乐工具。这也是他的悲剧所在。

晚年时期，他定居法国。1519年，思念故乡的痛苦伴随着达·芬奇进入了另一个世界。

本书从达·芬奇的儿时生活写起，一直追溯到他成为一名画家、科学家后的生活，以及他在艺术事业、科学事业上所取得的辉煌成就，再现了达·芬奇充满波折动荡的一生，旨在让广大青少年朋友了解这位伟人令人惊异的博学多才，从他身上领略艺术中的灵感和智慧，体会他对理想的不懈追求，以及他为人类艺术事业、科学事业所作出的杰出贡献。

目 录

contents

第一章　亲近大自然的孩子　/1

第二章　绘画神童初露端倪　/9

第三章　佛罗伦萨的小学徒　/17

第四章　青出于蓝而胜于蓝　/24

第五章　开办自己的画室　/35

第六章　初到米兰　/43

第七章　进入米兰宫廷　/53

第八章　米兰宫廷中的宠儿　/61

第九章　《最后的晚餐》　/69

第十章　惜别米兰　/77

时代印记　目录

目录

第十一章　重返佛罗伦萨的苦闷　/85

第十二章　《安吉亚利之战》　/94

第十三章　创作《蒙娜·丽莎》　/100

第十四章　再次离别故乡　/111

第十五章　第二米兰时期　/117

第十六章　在罗马遭受的屈辱　/127

第十七章　结束漂泊的生活　/135

第十八章　一个科学巨匠　/143

第十九章　永远的"蒙娜·丽莎"　/151

第二十章　悄然离世　/159

达·芬奇生平大事年表　/167

第一章　亲近大自然的孩子

勤劳一日，可得一夜安眠；勤劳一生，可得幸福长眠。

——达·芬奇

（一）

在意大利中部，距离佛罗伦萨约1千米的托斯卡纳山区有一个小镇，以盛产葡萄酒、矿泉水和农家自烤面包而闻名，这个小镇名叫芬奇镇。

芬奇镇风景秀丽，手工业比较发达，东西方贸易比较活跃，政治、经济、文化等相对发达。而且，这里的人们思想自由，崇尚人格尊严，赞颂自然界的美丽。

这里的人们都习惯把房子建造在水边，从而令房屋显得美观别致。房屋的前后种着竹子、葡萄、草坪以及各种美丽的花卉。门前的石板街光溜溜的，街道的两旁视野开阔，有很多店铺，生意都十分兴隆。

小镇还有一道特殊的风景，就是在晨光里或夜幕下，一些年轻的姑娘和小伙子们吹着悠扬的长笛，弹起古老动听的诗琴和曼陀铃琴，跳起欢快的舞蹈，这种欢畅、轻松的气息传递给小镇上的每一家、每一户。

1452年4月15日，夜幕降临的时候，芬奇镇郊区的一个名叫安基亚诺的小山村里，传来一阵婴儿的哭声。

一会儿，小婴儿停止了哭泣，睁开那双深陷的大眼睛，向上望着。接生婆看了看小婴儿，对婴儿的祖母说：

"嗯，这个孩子长着一头金色的头发，还有一双大眼睛，真是漂亮极了！将来，他一定会是个非常标准的男子汉！"

因生育疲惫至极的母亲听到这句赞美婴儿的话后，才不自觉地朝着婴儿看了一眼。只一眼，就让她情不自禁地羞答答地抱起了这个自己未婚生育的儿子。

小婴儿的母亲名叫卡特琳娜，是一位美丽而淳朴的农家姑娘，曾在镇上的小酒馆里当侍女。婴儿的父亲名叫赛尔·皮埃罗·达·芬奇，出身于当地一个颇有声望的富足世袭公证人的古老家庭，在附近的佛罗伦萨市当公证人。他的祖父、父亲都和他一样，曾从事过"令人尊敬的循规蹈矩的敬神的职务"。

皮埃罗身材伟岸，相貌堂堂，是个既严肃又浪漫的欧洲男子。由于工作上的需要，他经常出入于一些农家田舍。

1451年的春天，皮埃罗回家探望母亲，被安基亚诺村邀请去办理一项有关租赁榨油设备的事务。办完手续后，村民们在镇上的小酒馆中宴请他。

皮埃罗为人热情随和，很高兴地接受了邀请，和村民来到小酒馆中。在这里，他遇到了女侍者卡特琳娜。年轻的皮埃罗对美丽聪慧的卡特琳娜一见钟情，开始对她展开激烈的追求，甚至推迟了回佛罗伦萨的行期。

虽然卡特琳娜并没有皮埃罗想象得那么容易接近，她甚至拒绝了皮埃罗很多次，但最终还是接受了皮埃罗，并于当年秋天未婚先孕了。

皮埃罗很爱这位乡村姑娘，但他却没有与卡特琳娜结婚，因为彼此家庭地位的悬殊，皮埃罗的父亲安东尼奥·达·芬奇坚决不允许皮埃罗与一个农家姑娘结婚。事情就这样拖了下来。

孩子出生后，皮埃罗跑到安基亚诺村去看望卡特琳娜和他们的儿子。他高兴地抱起这个可爱的小婴儿，亲了又亲。

"应该给孩子起个好听的名字，让我想想，叫什么好呢？"皮埃罗笑着自言自语道。

他想了一会儿，忽然眼前一亮，急忙说：

"就叫他列奥纳多·达·芬奇吧！"

他一边幸福地看着孩子，一边说着，同时又怀着感激、爱恋的目光望着孩子的母亲，征询她的意见。

年轻的母亲卡特琳娜微笑着点点头。

这个在贫困山村出生的小婴儿，就是日后享誉世界的艺术大师达·芬奇。

（二）

小达·芬奇的父亲皮埃罗与当地一位温柔的富家小姐阿比雷·达·乔万尼·阿玛多里结婚了。阿玛多里虽然年轻，并不算漂亮，但出身名门，而且有一笔丰厚的嫁妆。皮埃罗虽然深爱着卡特琳娜，但慑于父亲的威严，也只能屈服，只是他请求父亲能同意他将他的儿子接回来抚养。

在那个年月，未婚生子并不是件丢人的事，何况皮埃罗刚结婚也没有孩子，于是父亲就答应他把小达·芬奇接回来。

在这之前，小达·芬奇一直与母亲和外祖母生活在一起。每天，母亲和外祖母去忙农活时，小达·芬奇就被一个人留在家里。没人陪他玩，他只能自己待在家里，随意玩耍。玩累了，就坐在地板上拍着小手，嘴里哼哼着母亲教他的儿歌。更多的时候，他趴在窗户上孤单地眺望着田野，仰望着碧蓝的天空发呆。

傍晚，忙碌了一天的母亲回来后要给他洗澡。因为奶水不够，母亲只能挤老山羊的奶给他喝，然后哄他睡觉。

每天晚上，外面年轻的姑娘和小伙子们都会在一起唱歌、跳舞。歌声传到小达·芬奇的耳朵里，他很喜欢那些美妙的音乐，也跟着哼唱。渐渐地，小达·芬奇学会了很多歌，而且歌声清脆、动听。

在这广袤的小山村里，小达·芬奇和母亲生活了5年。由于没有父亲的关爱，他少了许多别的孩子所拥有的快乐。他平静、忧郁、孤单，这也让他从小就养成了独立思考的习惯。

5岁这年的春天，小达·芬奇被已结婚的父亲从母亲身边领走，回到芬奇镇自己古老的家族当中。在佛罗伦萨市国家档案馆中，有一份由达·芬奇的祖父安东尼奥在1459年为达·芬奇亲手填写的户籍册：

"列奥纳多，现年5岁，为赛尔·皮埃罗·达·芬奇与现为阿卡塔布里格之妻的卡特琳娜之非婚生子。"

这时的小达·芬奇长着一头金发，一双深陷的灵活的大眼睛，皮肤白皙，很漂亮。而且他还十分乖巧，天资聪慧，对周围的一切事物都感到陌生，又充满了好奇。

小达·芬奇被父亲接走后，他的母亲卡特琳娜便与当地一位名叫阿卡塔布里格的农民结了婚，并住在离安东尼奥的庄园不远的小房子里。

作为母亲，卡特琳娜时刻都记挂着自己的儿子。每天中午，祖父安东尼奥都要睡一会儿午觉，阿卡塔布里格这时也要赶着牛车到田里干活，趁这个机会，小达·芬奇便穿过葡萄园，翻过墙，跑到母亲那里去；夜里，小达·芬奇与祖母卢奇亚睡在一张大床上，每当祖母睡着后，他都悄悄地穿上衣服，从窗户跳出去，跑向母亲家里，钻进母亲的怀中，依偎着母亲，感受她的温暖和爱抚。

小达·芬奇不敢在这里逗留，但这短短的一瞬，已让他感到甜蜜、幸福、难忘。

（三）

回到父亲的家后，小达·芬奇很快就得到了祖母和后妈的喜爱。父亲吩咐小达·芬奇称阿玛多里为"妈妈"，小达·芬奇虽然心里一百个不愿意，但还是非常听话地喊阿玛多里"妈妈"。

后妈阿玛多里虽然出身富裕家庭，但温柔善良，很喜欢小达·芬奇，而且自己又不能生育。因此，她将自己全部的母爱都给了小达·芬奇。

随着时间的流逝，渐渐地，小达·芬奇在心中也接受了这个后妈，对母亲的思念之情逐渐淡薄了。

每当他出去玩耍的时候，不论去哪里玩儿，回来都要采撷一些鲜花，然后一朵一朵地撒在后妈的头和脖颈上。

后妈也非常高兴，欢快热烈地拥抱着这个给自己撒鲜花的儿子。然后，她把锅里的饭菜端出来，里面有新鲜的奶渣干酪，有芹菜油炸包子，有香喷喷的猪肉，还有浓浓的甜酒。这些，都是小达·芬奇最爱吃的东西。

就这样，小达·芬奇的生母渐渐地被人们遗忘了。

疼爱小达·芬奇的不仅有他的后妈，还有他慈祥的老祖母卢奇亚。

每次小达·芬奇从外面跑回来，她都非常开心。这个小家伙会像个小猴精儿一样，偷偷跑到祖母的身后，然后用一双小手蒙住祖母的眼睛，让祖母猜他是谁，乐得祖母合不拢嘴。

小达·芬奇从懂事开始，就常常听祖母给他讲一些善良人的故事。其中她讲的关于"孤岛上皇帝的女儿"的故事，给达·芬奇的印象最为深刻。变戏法、造船、射箭、寻找起死回生的草等等，这些童话似的故事让达·芬奇开蒙早慧。

小达·芬奇是个十分好奇的孩子。从懂事时起，他就喜欢用那双漂亮的眼睛细致地观察自然界的万事万物：早晨的阳光，草地上的露珠，教堂的窗户，小块的玻璃，橄榄树，青松，路边的野花，牛马，羊群……所有的一切，都是他感兴趣的东西。

意大利国家建筑师乔·瓦萨利说过一句十分有名的话：

"上天往往像降雨一样赐给某些人卓越的禀赋，有时甚至以一种神奇奥妙的方式把多方面的才艺汇集在一个人身上：美貌、风度、才能，这个人都应有尽有，不论从事什么工作，别人都是望尘莫及。这充分证明他得天独厚，其所以能超群轶伦并非由于人力的教导或安排。"

他说的人就是达·芬奇。然而，他只说中了其中的某一方面，先天的禀赋固然是达·芬奇成才的首要条件之一，但后天的勤奋，对大自然的细致观察，也是他日后成为大家的重要原因之一。

有一天早晨，当公证人的父亲起了个大早。他习惯性地来到自己的花园里，用一把剪刀修剪葡萄藤。忽然，一个神奇的东西在藤下闪亮，皮埃罗心动了一下，走上去查看。

啊，原来是一个用泥巴塑成的小鸟。这只小鸟是那么精致、逼真。这是谁做的呢？皮埃罗四下寻找。

这时，小达·芬奇从床上爬起来了，正在阳台上伸懒腰。父亲就问他：

"你知道这是谁塑成的吗？"

小达·芬奇有些慌乱，红着脸，诚惶诚恐地回答说：

"是我。爸爸，那是我塑的小鸟。"

父亲听了，十分欣慰，一边不住地观察着小鸟，一边笑着夸赞他说：

"好，塑得真不错！我的儿子有出息了！"

受到父亲的表扬，小达·芬奇那高兴劲就别提了！

幼小的达·芬奇能够捏塑出一只逼真传神的小鸟，这虽然与他的天赋早慧分不开，但更重要的是他早已观察过无数只小鸟。他经常和伙伴们在河岸草间、山上树林中打鸟，用石子打，用箭射，用网捕，每捉住一只小鸟，他都会带回家养上一阵子。久而久之，这些小鸟的形象就深深地印刻在他的脑海里了。因此，他随手就能捏出一只小鸟，而且捏塑得活灵活现。

夏天的夜里，小达·芬奇还经常趴在田野上，观察小小的萤火虫。每次看着这些闪闪发光的小虫子，小达·芬奇都会想：它们为什么会发光呢？有时他还会起来捉几只萤火虫，仔细观察一番。

广泛观察，其实也是一种知识的积累。小达·芬奇对事物的观察与一般人是不同的，他从小就养成了一种搜索性的观察，凡是他感到好奇的东西，他就会搜索式地用儿童的眼光扫过去，进行儿童式的幻想，仔细研究一番。

小达·芬奇还是个兴趣广泛的孩子，一块石头，一片树叶，一株小草，一抹晚霞，一只虫子，一只小鸟……他都会感兴趣。虽然达·芬奇算不上神童，但是，他的确比一般的孩子要早慧。

由于对飞行现象十分着迷，达·芬奇对鸟类飞行进行了详细的研究，同时还设计制造了数部飞行机器，包括一个以4个人力运作的直升机以及轻型滑翔翼。1496年1月3日，他曾测试了一部自制飞行机器，但以失败告终。

第二章　绘画神童初露端倪

　　热爱实践而又不讲求科学的人，就好像一个水手进了一只没有舵或罗盘的船，他从来不肯定他往哪里走。

——达·芬奇

（一）

　　通常儿童都喜欢涂涂画画，小达·芬奇也不例外。不过，他小时候的涂画与一般孩子完全不同。达·芬奇的涂涂画画比较特别，那就是他从不乱画，而是在观察大自然的某些东西之后再来构思，决定画什么、怎么画。而且，他画什么就像什么。

　　有一天，他看到父亲的工作室窗口落着一只美丽的彩色蝴蝶。那是一只十分罕见的大蝴蝶，翅膀又宽又漂亮，真是美极了！

　　达·芬奇第一次心惊胆战地推开父亲工作室的门，父亲正在办公桌前专注地写他的公证词。小达·芬奇直直地看着落在窗口的那只大蝴蝶，然后快速找来纸笔，居然把这只美丽的大蝴蝶画了下来。

　　从小就涂涂画画是小达·芬奇的一大爱好。这位天才，几乎是无师自通。

　　一转眼，小达·芬奇就9岁了。每天，他都无忧无虑地生活着，并继续着自己喜欢的对大自然的观察。同时，不管是白粉、木炭，还是教堂里彩画匠用的颜料，只要落在他的手里，他就到处涂画。只要是他看到的、感兴趣的，都会画下来。

　　虽然只有9岁，但达·芬奇的个子长得很快，都快到父亲的肩头了，看上去好像一个少年。而且，他的智力也已超过了十六七岁的少年。因此有一天，父亲把家人都叫到一起，宣布了一项决定：

　　"孩子，你每天唱歌、骑马、画画，这些都是不错的爱好。不过，你已经不小了，不能总这样生活，你需要学习。也就是说，我准备把你送到学校里去读书。"

　　一听说要去读书，达·芬奇又喜又忧。喜的是可以在学校结识很多伙伴，学到更多的知识；忧的是怕进了学堂就没有现在这样自由自在了，就像一只小鸟进了笼子，失去了在大自然中飞翔的机会。祖母和后妈显然也不愿意让达·芬奇进学堂，他走了，她们会很想念他的。

　　不过，达·芬奇也的确到了该上学的年龄。而且，他还是个左撇子，写字用左手，吃饭用左手，画画也用左手，父亲希望他进学堂后老师能帮他纠正这个习惯。

　　皮埃罗先生是个很节约的人，知道送达·芬奇进学堂需要花上一笔不小的学费，但为了儿子的前途，为了儿子能更好地成长，他咬咬牙，把学费省了出来。

　　在说服一家人后，父亲接着说：

　　"再过两三年，你就要到佛罗伦萨去。你的教育，列奥纳多，对我来说可是一件不小的事。你将来也应该能成为一名公证人，像我一样，能够积累一笔可观的财富。你要记住：谁要一文不名，谁就一文不值！这是我做人的原则。"

小达·芬奇抬头看了看严肃的父亲,他那宽大的额头和严肃的态度成了小达·芬奇永久的记忆。

接着,父亲又说:

"佛罗伦萨是个知识汇聚的地方,等我们再积攒一笔钱后,我们全家就都搬到那里,那对你的教育更有好处。"

就这样,一名早慧的活泼可爱的儿童进了学堂。

在学校,小达·芬奇学习了拉丁文。不过,这所学校里的孩子都是死读书、读死书,每天的学习任务就是读了背、背了又读。一位年长的修士,每天手里都拿着一把戒尺,稍不留意,那把戒尺就会毫不留情地打在学生的巴掌上。有一次,小达·芬奇又习惯性地用左手写字,修士的戒尺就狠狠地打在他那只写字的左手上,疼得他直掉眼泪。

在学校里,小达·芬奇是个勤学好问的孩子,总有问不完的问题。有时候,他甚至问得修士脸热心跳,答不上来……

一方面,小达·芬奇十分渴求书本知识,另一方面,他又忘不了大自然。在大自然中,有无数未知的秘密等着他去发掘。因此每次放学回来,他都要到花园中玩一圈,或者跑到自家的地下室里"做实验"。

他在地下室里悄悄地搞成了一个小实验室,专门研究一些书本上学不到的东西。在这里,他制作了一些瓶瓶罐罐、一些小盒大盒、一些小木箱等,里面装的都是各种各样的昆虫。每天回来,小达·芬奇都要对这些昆虫进行一番观察、研究。比如:蚯蚓是如何走路的?能仿造它做出一辆车子吗?丑陋的蜘蛛是怎样织网的?等等。

有一天,后妈来叫他吃饭,看到小达·芬奇正在专心致志地研究着什么,就好奇地想上前看看,结果被这些虫子吓得差点晕过去!

（二）

在学校里学习一段时间后，小达·芬奇对学校生活比较了解和熟悉了，也开始深深地感到书本上的知识不能满足他的求知欲，他想要了解的东西太多了。

"还是大自然中有最丰富的知识。"他在心里这样想着。

从那天起，每天放学后，小达·芬奇就到大自然中到处"闲逛"，寻找自己感兴趣的东西。

这时，佛罗伦萨的大建筑师阿尔伯蒂的徒弟比亚卓正在芬奇镇附近建筑一幢大别墅。小达·芬奇知道这件事后，每天放学后都会跑到工地上看看。

在工地上，他好奇地问建筑师比亚卓各种各样的问题：

"亲爱的建筑师，您是怎么让工人们建筑墙的呢？又是怎么砌石头的呢？还有，当房子盖得很高时，怎么用机器升降材料？在房顶上的人怎么下来？……"

比亚卓建筑师被这个好奇的、俊美的小男孩打动了。他拿出建筑图纸，不厌其烦地向小达·芬奇讲解各种建筑知识。

与这个小男孩的交谈让比亚卓发现：小达·芬奇有着同大人一样的惊人的理解力。他不由自主地夸奖小达·芬奇说：

"小家伙，你真聪明，对计算很有天分。我想知道，你愿不愿意跟我学习这些数字计算和画这些几何图形呢？"

小达·芬奇一听，高兴得不得了，急忙回答说：

"我愿意！尊敬的比亚卓先生，我非常愿意跟您学习！不过，我只能在放学后……"

建筑师愉快地点点头，笑着说：

"没关系，我每天都会在这里等你来学习。"

就这样，每天放学以后，小达·芬奇都要跑到工地上，或者到工地附近建筑师比亚卓的住所，跟着比亚卓先生学习建筑方面的一些知识。

在学习过程中，比亚卓先生为他讲授算术、几何和力学等一些基本知识，小达·芬奇学得很快，并尝试着用各种原理去解题。

比亚卓先生对小达·芬奇的聪慧好学十分赏识，同时，他也将自己所感悟的东西告诉给小达·芬奇：

"小家伙，搞研究的人最重要的就是经验和感觉。但光靠感觉是不行的，还要善于观察和了解事物，重要的是能够把握事物内在的本质。"

小达·芬奇用力地点点头。

接着，比亚卓先生又对小达·芬奇说：

"数学非常重要，是科学研究的基础。你知道古希腊有一个名叫毕达哥拉斯的人吗？"

"不知道，先生，他是做什么的？"

"这个人可不简单，他发现了万物的本质，也就是数的关系……"

接着，比亚卓先生又从事物的本质讲到数，然后继续说道：

"毕达哥拉斯还说：整个宇宙和庞大的天体都是一个数的结构，它们和谐得就像一个巨大的乐章……"

小达·芬奇被比亚卓先生的讲解惊呆了。

"啊，原来数学有这么巨大的神奇力量，这可真有意思啊！我一定要学好数学！"

从此，他对数学产生了浓厚的兴趣，并钻研起来。从比亚卓先生的教诲中，小达·芬奇还深切地感悟到：

"人类不但可以用手、用笔去描绘大自然，还能向大自然学习，掌握那些美好的、对人类有用的东西，并用智慧的头脑和科学的方法去研究大自然。这是多么伟大的事情啊！"

（三）

小达·芬奇一方面渴望能从书本上学到各种知识，一方面又醉心于大自然。因为在大自然当中，总有很多新鲜活泼的事物等着他去发现。

学校大多时候让学生朗诵、背诵、书写，计算非常少，小达·芬奇越来越感到厌倦。到学校上学，他本来希望能结交许多热爱大自然的朋友的，可真到了学校，他发现大多数同学每天都是在重复相同的活动而已，一点意思都没有。

小达·芬奇只好把自己的快乐完全寄情于大自然的山水、花草、树木当中。每天清晨，他很早就从家里出来，但不去学校，因为离上课的时间还早。他先到树林里或小溪边逗留一会儿，观察一下那里各种奇异的花草和昆虫等，并拿出纸笔，对着它们的形态仔细地描绘起来……等画得差不多了，他再起身赶到学校。

不过，最近小达·芬奇却发现一件事：后妈阿玛多里变得沉默、郁郁寡欢，总是称自己身体疲倦、无力。为此，她也不再像往常那样，和小达·芬奇一起到花园捉蝴蝶、摘花了，她的身体越来越虚弱。

当地医生过来给她看了病，诊断说，她患上了一种热病，相当于现在我们所说的疟疾。渐渐地，后妈病得躺在床上起不来了。

这是小达·芬奇非常热爱的妈妈，他几乎是在她的陪伴之下长大的，因此，他对这位后妈怀着一份深深的情感。当小达·芬奇看到躺在床上瘦得不成样子的"妈妈"时，泪水一下子就流了出来。他双腿跪在后妈的床前，哭着喊道：

"妈妈！妈妈！您要挺住！您一定会好起来的！"

可是，医生几乎已经给阿玛多里判了死刑，因为镇上已经有好几个人患热病去世了，当时还没有什么特效药可以医治这种病。

几天后，年轻活泼、可敬可爱的阿玛多里妈妈去世了，年仅24岁。小达·芬奇非常难过，不停地抽泣着，过分哀痛的脸紧紧地贴在祖母因悲伤过度而颤抖的、满是皱纹的手上……

这年，小达·芬奇12岁。

后妈的去世，给达·芬奇一家带来了沉重的打击。在这个打击面前，年迈的老祖母常常独自流泪，郁郁寡欢；父亲皮埃罗也仿佛一下子老了许多，常常打不起精神来；小达·芬奇也无心学习，放学回家后，心里总是感到空落落的，家里再也没有阿玛多里妈妈那清脆、愉快的笑声等着他了。

时间越久，他就越想念后妈。他不敢在家里哭，怕年迈的老祖母看到伤心，有时就跑到山间或树林中大声痛哭，宣泄他对这位敬爱的妈妈的思念之情。

在阿玛多里妈妈去世的第四年，年已不惑的公证人皮埃罗先生又迎娶了一位妻子进门。这位新妇是一位年仅15岁的少女，名叫弗朗切斯卡·朗费尔姬妮。

这位新后妈性格活泼、单纯，容貌清秀，身材苗条，比达·芬奇的身高还要矮。由于年龄相仿，她经常陪达·芬奇一起在花园玩耍，捉鸟、采花、观察小动物等。

达·芬奇也很喜欢与这位既是母亲又是同龄朋友的姑娘一起玩。他很喜欢朗费尔姬妮笑，觉得这微笑让他想起那些大师们绘制、塑造的圣母的微笑。

由于有了爱情的滋润，皮埃罗先生的脸上也常常会露出笑容，他的生意又格外地好起来。一次，他办完了一桩诉讼案，赢的一方是个百万富翁。由于皮埃罗的公证具有法律效果，这位富翁将一笔可观的遗产夺了回来，因此给了皮埃罗一笔不小数目的酬金。皮埃罗就用这笔钱在离芬奇镇不远的佛罗伦萨买下一套房子。

随后，皮埃罗宣布：一家人将马上搬到城里的大房子去住，并让妻子和母亲尽快收拾东西，准备举家迁移。

小达·芬奇听到这个消息后，非常兴奋，开始对自己今后的生活产生了无限的遐想。

1469年元旦，刚刚过完新年，达·芬奇一家便举家迁移，朝着意大利的名城——佛罗伦萨进发了……

第三章　佛罗伦萨的小学徒

　　趁年轻少壮去探求知识吧，它将弥补由于年老而带来的亏损。智慧乃是老年的精神养料，所以年轻时应该努力，这样年老时才不至于空虚。

——达·芬奇

（一）

　　佛罗伦萨是世界一流的艺术荟萃之地。由于史上历次爆发战乱，古希腊罗马的艺术很多在本国未能保存下来，反而是意大利基本完好地保存了这些宝贵的艺术遗产。

　　佛罗伦萨是当时意大利精神文化活动的中心，曾是但丁、彼得拉克、薄伽丘、乔托、波提切利等文学、艺术巨匠诞生和成长的地方。因此，这里的人艺术造诣普遍较高。贵族热爱艺术，老百姓也热爱艺术，地方官僚、银行家等也十分崇尚艺术。当地的地主、银行家、有钱人等，为了获取艺术家的绘画、雕塑等，不惜花重金购买。因此，一批艺术家在这里得以生存和发展，并受到人们的尊敬。

　　在佛罗伦萨，每一条街都是一个艺术陈列馆，达·芬奇一走进这座城市的古巷，马上就被巷子两边的各色小商店吸引住了。小商店里挂满了珠宝，琳琅满目，互相辉映。有的是首饰店，匠工们精致的手艺制造出来的首饰精美至极；还有细木工匠的作坊，做的是各种雕花家具；也有雕刻和铁匠的作坊，专门做一些雕刻工艺品等。

可以说，这里的每一件产品都是一件精美的艺术品，让达·芬奇大开眼界，惊奇无比。从此，他心中种下的艺术种子开始发芽。他想象着各种各样的艺术品，或戴在少女的脖子上，或拿在年轻人手中，那将是何等的柔美而富丽！

在街上，达·芬奇不止一次地遇到一位披着旧式黑色斗篷、被崇拜他的学生团团围住的老年学者。这位老人就是当地乃至在意大利、在世界上都很有名望的数学家、天文学家和哲学家托斯卡涅利先生。他的名字，当时街上任何一个顽童都知道。

托斯卡涅利曾写信给著名的航海家哥伦布，用他的数学知识和天文地理方面的知识提示哥伦布，证明去印度的路程并不像一般人所设想得那么遥远。在他的鼓励和帮助下，哥伦布最终发现了新大陆。

达·芬奇对这位老人十分敬佩，并且也很自然地被这位学者所吸引。

不过，这位老人性格有些古怪，一般不与外人来往，只和少数懂科学的学生在他的那所偏僻破旧的院子里进行科学实验。他相貌丑陋，看起来好像很让人讨厌，但他的那双眼睛却明亮、善良而安详。

一连许多天，达·芬奇都在老人的门前徘徊。有一天，达·芬奇终于引起了老人的注意。他从院子里走出来，问达·芬奇：

"孩子，你为什么每天都在我的门前溜达？为什么总是跟着我？"

达·芬奇有些嗫嚅地，但语气坚定地说：

"我想跟您学习数学，先生。"

"你多大年纪了，年轻的阿基米德？"老人边问，边从头到脚地打量一遍达·芬奇。这个少年有些紧张，脸涨得通红，但却很可爱。

"我快17岁了，先生，而且我……我非常喜欢数学。"达·芬奇回答说。

"哦，那是该学点什么了！"老人说。

接着，他问了达·芬奇一些有关数学方面的知识。和建筑师比亚卓一样，老人也为达·芬奇那惊人的理解力和数学才华感到吃惊。于是，他笑着对达·芬奇说：

"我很欢迎你，年轻人。从今天起，我的住宅随时对我的新学友开放，也永远向那些好学的人开放。"

老人的接纳和认可让达·芬奇心花怒放。他急忙恭敬而彬彬有礼地脱帽向老人致敬：

"谢谢您，我永远都是大师的学生。"

（二）

第二天，达·芬奇早早地来到这幢破旧的院子里，正式拜托斯卡涅利先生为师，成为著名数学家的弟子。

此后，几乎每天达·芬奇都要到这位数学大师家中上课。当然，托斯卡涅利先生也十分认真地听取这个早慧的少年提出的各种数学问题，他还支持达·芬奇参与科学实验，与他讨论一些科学话题。

托斯卡涅利先生的学说给达·芬奇留下了十分深刻的印象。当然，达·芬奇也以其宁静而好问的风度打动了托斯卡涅利先生的心。他毫不保留地向达·芬奇传授他所研究的一切，而达·芬奇也能在很短的时间内完成老师交付给他的某一课题。

如果达·芬奇能一直沿着这条路走下去，不再从事绘画，他也许能成为一名著名的科学家。正如乔·瓦萨利所说的那样：假如达·芬奇不是这样生性多能，兴趣广博，他无疑可以在科学上达到极高的造诣。只是他缺乏恒心，所以对许多研究都是有始无终。

尽管如此，达·芬奇在跟随托斯卡涅利学习期间，就数学而论，虽然学习时间甚短，但他所提出的各种疑难问题也常常让他的老师目瞪口呆。

见达·芬奇迷上了数学，父亲皮埃罗先生很着急。他很了解儿子，儿子喜欢唱歌、骑马、跳舞，也喜欢玩昆虫，更喜欢涂涂画画，而且已经表现出这方面的天赋。但人的精力是有限的，如果什么知识都要学，反而可能什么知识都学不精。只有发挥特长，扬长补短，有效地组织和运用自己擅长的知识，才有成大器的可能。

皮埃罗一直希望儿子能像他一样，学习一些法律，长大后做一名公证人。但达·芬奇却对公证这个职业一点兴趣也没有，因此，让儿子继承自己的职业看来是没什么希望了。

那么，到底让儿子学点什么好呢？皮埃罗开始认真地思索起这个问题来。

皮埃罗是个善于进行逻辑推理的人。在案卷和诉讼方面，他能以无懈可击的论述将对方击倒。通常来说，一个人的能力与他所学习、所爱好、所从事的职业活动密切相关。皮埃罗正是如此。

经过反复思考，皮埃罗认为，儿子不应该再继续跟从托斯卡涅利学习数学。那个数学家住在一个与世隔绝的地方，只有少数人跟着他在那儿炮制"异教学说"，儿子跟着他怎么能成功呢？儿子的天赋应该在画画方面，他从小就喜欢画画，且已表现出不错的天赋，为什么不给他找一个好的画师，引导他画画呢？在意大利，画家也是十分受人尊重的职业啊！

就这样，皮埃罗决定找一位优秀的画师来给达·芬奇当老师，让达·芬奇学习绘画。找谁来教授儿子呢？皮埃罗想到了自己的老朋友维罗奇奥。

维罗奇奥是佛罗伦萨著名的画家、雕塑家，居住在佛罗伦萨郊外的一个独门独户的四合小院里。在当地，艺术家可以成为社会上的上流人物。达·芬奇长得一表人才，人又机灵、聪明，如果能成为艺术家，将来进入宫廷中谋个一官半职，也算是光宗耀祖了。

想到这里，皮埃罗决定让儿子达·芬奇改学画画。

当皮埃罗将自己的这个想法告诉达·芬奇时，达·芬奇先是一愣，但很快就恢复了平静，既没反对，也没表示出惊喜。他知道，父亲迟早会这样做的，因为他一直反对自己学习数学和从事科学研究。况且，维罗奇奥画师的大名他也是早有耳闻。

因此，达·芬奇痛快地答应下来：

"好的，爸爸，我听您的，跟随维罗奇奥大师学画画。"

皮埃罗没想到儿子这么爽快就答应了，这倒令他感到有些意外。不过他还是十分高兴，当天就把达·芬奇装扮一新，自己也穿上刚刚做好的一身新衣服，带着达·芬奇去拜访维罗奇奥了。

从这个时候开始，达·芬奇就正式学习画画了。

（三）

达·芬奇的成才与成功，首先在于他遇到了一些对他影响十分重要的老师。这些老师就像长明灯一样，一辈子照耀着他前进的艺术之路。而画家、雕塑家维罗奇奥就是其中的一位。

维罗奇奥比达·芬奇年长17岁，是个贫穷的瓦匠的儿子。他的画室也比较偏僻，而且房子因年久失修已经倾斜，只用几根腐朽的柱子支撑着，一面墙壁还泡在阿尔诺河浑浊发绿的水中。

不过，他的小院子还是很漂亮的，里面有橡树、桃竹，还有菜地等。来到画家的住宅前，皮埃罗先生拿起进门处的门锤敲了两下门，恰好维罗奇奥先生在院子里。他把门打开，惊喜地将老朋友皮埃罗迎进门来。

"你们好！啊，快进来！这就是您的公子吧？"维罗奇奥先生惊叹于达·芬奇的俊美相貌。

"是的，一个小淘气鬼，一个有待雕琢的顽童。列奥纳多，快过来，拜见你的老师吧。"皮埃罗高兴地向老朋友介绍自己的儿子。

达·芬奇用尊敬的目光打量着眼前这位其貌不扬的老师：他看起来就像是一个乡村的农夫，长相平平，甚至可以说是丑陋。浮肿的圆脸苍白而扁平，缺乏生气，唯有那两片薄嘴唇和一双炯炯有神的眼睛还能看出他的聪明才智来。

不过，当看到维罗奇奥手上的泥巴，还有地上那一个个尚未完成的雕塑作品时，达·芬奇简直惊呆了。这些雕塑有奔驰的马、有狂吠的狗、有老人、有小鸟……这些都是达·芬奇最喜爱的。它们一个个活灵活现，仿佛在欢迎达·芬奇的到来。

达·芬奇迅速向画师鞠了一躬，然后急忙蹲在地上全神贯注地观看研究起这些雕塑来。

他的不凡举动，当然被画师维罗奇奥看在眼中了。维罗奇奥心中一阵欣喜，他笑着对达·芬奇喊道：

"嘿，淘气包，我的新朋友，跟我一起来画室看看吧，那里才有你想看的呢！"

来到画室后，达·芬奇完全被里面的东西吸引住了。这里到处都是颜料、画具、半成品、成品；到处都是泥巴、雕塑品和半雕塑品；到处都是珠宝、首饰模型。在当时的意大利，画家和许多艺术家一样，也是集珠宝匠、首饰匠、雕塑家、画家于一身的。

维罗奇奥的画室乍一看上去有些凌乱，但仔细观察，才知道每样东西都放在了最合适恰当的地方，取用方便，同时还能随时发挥、想象和创造。很显然，达·芬奇一下子就喜欢上了这个地方。

皮埃罗将达·芬奇以前的一些素描画拿给维罗奇奥看。维罗奇奥认真地翻看了达·芬奇的素描本，很快就被里面的作品吸引住了，对他的绘画才能大加赞赏。

"很不错，他拜过谁为师？"

"没有，都是他自己随便画的。"皮埃罗小心翼翼地回答着。

当得知达·芬奇从未跟任何人学习过绘画后，维罗奇奥直呼达·芬奇是个绘画的天才。在他带过的学生当中，他还是第一次遇见这么有才华的弟子。从这些素描画中，维罗奇奥觉得达·芬奇的构思奇特，落笔大胆，每一笔都画得信心十足，这说明他对大自然有着敏锐的观察力，有一种天生的悟性。这种悟性，正是一个画家必不可少的。

这时，皮埃罗试探着提出，是否能让他的儿子达·芬奇跟随维罗奇奥学习画画？

维罗奇奥自然是爽快地答应下来，并与他们父子俩饮了一杯酒，以示诚意。为了庄重起见，皮埃罗还与维罗奇奥签订了一个教学合同。

不久，达·芬奇便辞别了他的第一个老师托斯卡涅利，正式进入维罗奇奥的画室跟随他学习绘画。

第四章　青出于蓝而胜于蓝

你如果要做一个艺术家，你要牢记：必须开拓你的胸襟，务使心如明镜，能够照见一切事物、一切色彩！

——达·芬奇

（一）

在当时的意大利或佛罗伦萨，如果一个男孩子决定成为一名画家，那么在少年时代他都要去拜访一位城里一流的画师，成为他的学徒。

在意大利，像维罗奇奥这样的绘画工作室有很多，而维罗奇奥的画室是佛罗伦萨最先进的画室之一。在众多美术家中，维罗奇奥最有成就，也最受欢迎，因此他的画室也拥有一大批的弟子。

到画室学徒的人，一般都住在老师家中，平时帮助师父跑腿办事，或者做一些杂务，如研磨颜料，准备画板、画布，或给老师端茶、端饭等。这样一边帮助老师做杂务，一边学艺，逐渐掌握师傅的一套技艺，最后出徒，参加同业行会，成为独立工作的画家。

在维罗奇奥的画室里，也有一些这样的弟子。维罗奇奥经常用一种坚定不移的声音教导这些在画室中作画的学生们：

"画好骨骼！在上面画上肌肉和腱，最后再覆盖上皮肤！"

在画画时，维罗奇奥对学生们总是严格要求，一丝不苟，但平时却对他们很友善，总是一副和蔼、亲切，像父亲一般的态度，从不让学生过于劳累。在休息时，他还经常和学生们一起谈天说地。

维罗奇奥是一位较有成就的画家。在佛罗伦萨的威尼斯广场上，他所创作的威尼斯军队首领多罗明奥·克列奥尼骑在马上的铜像，为他带来了不朽的荣誉。

在创作上，维罗奇奥善于改革和创新，这也让他的画艺比同时代的其他人高出许多。

在辅导学生画人体素描时，维罗奇奥总是语重心长，深有感悟地说：

"很少有一种单一的劳动和技能能让人成为一个好画家，不研究'人'这个自然，在塑造人的时候，就很难找到身体的正确比例。"

达·芬奇深深地感悟到老师讲的这些话的道理，并对此踌躇满志。他觉得，自己已经有能力画出伟大的作品来了。

可是，严厉而富有教学、绘画经验的维罗奇奥先生并没有让达·芬奇直接参与整件绘画作品的创作，而是让他先踏实地打好基础，从头做起。

因此，他给达·芬奇上的第一课是教他画鸡蛋。

"画鸡蛋？"

达·芬奇感到很可笑，但他没有表现出来，只是心里默默地想：

"画鸡蛋能练习什么？再说那有什么难的？我一下子就能画出一筐鸡蛋来！"

虽然这么想着，但达·芬奇在行动上还是表现得非常认真。他按照老师的要求，小心翼翼地摆好鸡蛋，然后开始认真地画起来。

可是很快，老师就批评达·芬奇了：

"你应该画得精确些，不要进行那么天马行空的素描，因为那样缺乏精确度和立体感。一定要画得精确和有立体感才行！”

听了老师的话，达·芬奇画得比刚才更认真些了。

不一会儿，一只椭圆光滑的鸡蛋就画好了，达·芬奇把画作拿到老师面前。

“老师，请您看看，我已经画好了。”

达·芬奇心中暗自得意，心想自己一定会得到老师的夸奖。

维罗奇奥先生拿过画板，左右看了一遍，一句话也没说，这让达·芬奇有些着急了，开始感到惴惴不安。

维罗奇奥先生又看了一会儿，然后声音严厉地对达·芬奇说：

“重画！”

“为什么？”达·芬奇几乎喊出声来。

可他还是忍住了，从老师手中接过画板，懊恼地走回自己的画架前，继续画起来。

第二天，老师给达·芬奇布置的任务是继续画鸡蛋。

第三天，达·芬奇还被要求继续画鸡蛋。

第四天，第五天……全部都是画鸡蛋。

一转眼，两个月过去了，维罗奇奥先生给达·芬奇的任务依然是画鸡蛋。

达·芬奇感到很不解，也为自己不能参与其他画作的绘制而着急。难道画鸡蛋就能成为一名优秀的画家吗？

带着这些疑问，达·芬奇终于等到了有结果的一天。

（二）

一天早晨在吃早餐时，维罗奇奥先生看起来情绪很好。达·芬奇很小心、动作很轻巧地把早餐端到老师面前。

维罗奇奥抬头看了一眼达·芬奇，端起杯子喝了一口牛奶，说道：

"昨天你的作业完成得很好，今天要继续努力。"

达·芬奇见老师今天心情不错，就赶紧鼓起勇气趁机提出在心中憋闷了多日的问题：

"今天还要画鸡蛋吗，老师？"

"是的，列奥纳多，今天继续画鸡蛋。"维罗奇奥先生回答说。

"老师，为什么我每天都要画鸡蛋呢？不过是一个简单的鸡蛋而已，一点趣味性也没有，您却让我每天不停地画，这究竟有什么用呢？"达·芬奇着急地问。

维罗奇奥先生看了看达·芬奇，又看了看他画着鸡蛋的那一摞摞画纸，说：

"你想知道为什么吗，列奥纳多？"

"是的，老师，我非常想知道！"达·芬奇回答道。

维罗奇奥先生顿了顿，然后严肃地说道：

"与人体比起来，鸡蛋也许没有那么多优美复杂的线条；与风景比起来，它也没有那么多绚丽多彩的光色变化；与动物相比呢，它也没有动物奔跑跳跃的动人节奏感。但是，列奥纳多，正是这线条最为简单的鸡蛋，却能体现出一切绘画最基本的学习要素来。"

达·芬奇听了老师的话，感到有些困惑。这时，维罗奇奥先生接着说：

"首先，画鸡蛋可以训练一个画家细致敏锐的观察能力。因为世界上没有两只完全相同的鸡蛋，你必须能够迅速准确地在无数个鸡蛋中发现每只鸡蛋上细微的差别，从而抓住每只鸡蛋的独特特征。"

达·芬奇所有所思地点了点头，看着老师。

"你看，"维罗奇奥先生边说边拿起一只鸡蛋挪动着，"这只鸡蛋这样摆放的话，阴影就在那面，鸡蛋看起来偏圆一些；但如果你从另外一个方向看，它就好像偏扁一些。从另外两边看形状也是不一样的。"

"如果这样放的话，"他又挪动一下鸡蛋，说："投过来的光线又会不一样，我们眼中的鸡蛋又有了新的变化，你说是不是？"

达·芬奇信服地点了点头，同时也为自己不理解老师的良苦用心而感到羞愧和脸红。这时，老师又继续说道：

"这也就是说：即便是同一个鸡蛋，从不同的角度来看，它的形状都是不同的。只有从不同的角度把握这只鸡蛋的形状，你才能真正将它画出来，并且画好。所以，列奥纳多，你需要先学会观察一只鸡蛋，然后观察一组鸡蛋，这样才能解决好这些看上去没什么差别、其实却完全不同的一组鸡蛋的整体构图和关系。而你看看你画过的鸡蛋，列奥纳多，它们几乎都差不多，没什么明显的变化。这说明什么呢？说明你的观察还不够仔细！"

听了老师的解释，达·芬奇感到自己的脸好像在发烧。他连忙说：

"老师，对不起，是我太无知了。我在作画时根本没有想这么多。"

同时，他也更加钦佩老师的博学多才，并暗下决心：以后一定认真听从老师的告诫，按照老师的要求作画。

这时，维罗奇奥又接着说：

"列奥纳多，画鸡蛋虽然看起来是一项很简单的工作，但是它却能够训练一个画家高度凝练的艺术概括力。要知道，线条是最简单的事物，但却最能体现一个画家艺术表现能力的高低。我让你画鸡蛋，并不是不想好好教你学画，而是想让你练好这些基本功。只有基本功练到娴熟自如、得心应手，你的画功才算学到家了！"

听了维罗奇奥老师语重心长的一番话，达·芬奇觉得豁然开朗。他立即向老师表示道：

"老师，我今后一定按照您的教诲好好学习，一定要重新画好这些鸡蛋，扎扎实实地练好绘画基本功。"

维罗奇奥老师这才欣慰地点点头。

从那以后，达·芬奇再也不觉得画鸡蛋是徒劳无功的事情了，他认真观察和思考每一只鸡蛋的不同之处，并不厌其烦地画鸡蛋，画技提高得很快。

（三）

转眼间，达·芬奇已经在维罗奇奥先生的画室学习两年了，他感到自己的精力越来越充沛。与其他的同学不同，在闲暇的时候，他总是自己思考一些问题，总想探知一些未知事物的奥秘。

白天，他会跟着老师维罗奇奥努力学画，或者干些杂务；到了晚上，他不像其他同学那样，围在一起说笑聊天，而是独自在灯下专心地阅读一些科学方面的书籍或者他喜欢的哲学书。

同时，他还开始努力学习拉丁文，因为他所读的不少科学书籍都是用拉丁文写的，不学习的话，就看不懂。他不仅研究数学、建筑工程学，还学习化学、物理、生物、天文等学科的知识，而且总是一边阅读一边思考，每天都会学习到深夜。直到老师催他休息，他才恋恋不舍地熄灯睡觉。

达·芬奇常常会一个人陷入思考中，对此，他的同学早已司空见惯。不论是周围人开心地聊天，还是节日里大家一起欢笑，都不能干扰他进行思考。这引起了维罗奇奥先生的注意。

有一天，维罗奇奥先生问达·芬奇：

"列奥纳多，你每天到底都在幻想什么？"

达·芬奇一愣，随即抬起一双清澈的蓝眼睛看着老师，平静地回答说：

"我在想，怎么才能把画家和雕塑家的艺术和科学结合起来？还有，如何提高对自然的认识？"

维罗奇奥先生感到很惊讶，在以往那些更加成熟的毕业学生当中，从没有一个人对他说思考过这样的问题。

这时，达·芬奇又说：

"我还在思考关于科学的多样性……离开了科学，艺术就无法存在，那就像是失去了灵魂的肉体一样……"

他停了下来，然后努力寻找词汇，争取能向老师表述清楚自己的想法：

"我想，数学，对于理解透彻的法则、明暗的分配以及色彩的作用上，都是不可或缺的。还有光学和力学，也是如此。否则，我们就会像盲人一样在黑暗中前行……不过要弄懂这些科学，就需要专门的、永不停息的努力和试验……"

"是的，你说得对，的确需要对自然和艺术法则进行深刻的理解……"维罗奇奥先生听了达·芬奇的话，也开始陷入思考。同时，他还在想：这个学生为什么会这么与众不同呢？

此后，每当维罗奇奥老师讲课，注意到达·芬奇凝神聚思的目光时，就知道他一定又有了新的想法。当达·芬奇想要说出老师画上的不足之处时，聪慧的天性又让他意识到：一定要单独和老师谈这些问题才行。

从此，达·芬奇与老师之间渐渐建立起一种亲密的、推心置腹的关系。

有一次，老师维罗奇奥生病了，达·芬奇十分着急，四处找医生为老师诊治，同时还十分耐心、细致地照顾老师。

达·芬奇从小就喜欢音乐，还专门研究过音乐，学过弹奏曼陀铃琴。他甚至可以自弹自唱，随心所欲地根据自己的想象力编制曲调和歌词，听了令人振奋。在老师生病期间，他经常给老师弹琴，让婉转动听的琴声减轻老师的痛苦。

很快，在达·芬奇的悉心照顾下，维罗奇奥老师的病痊愈了。

（四）

在佛罗伦萨，有一个弗龙白罗莎教团。他们向维罗奇奥先生定制了一幅《基督的洗礼》的绘画。画中所表现的，是基督在约旦河边接受约翰施洗的场景。

经过维罗奇奥夜以继日的工作，耶稣和约翰终于在他的画幅上出现了。接下来，就是再画两个虔诚的天使在上面，意为观看这一神圣的事件。

按照惯例，学生和帮手可以在画作上帮助老师画一些次要的形象或小小的局部。可是，维罗奇奥画师做事一向认真细致，不愿意让学生帮忙画敷衍了事。为了画好这幅画的大背景，他还不辞辛苦地跑到距离佛罗伦萨40千米以外的希莫尼湖写生，积累素材。途中遭遇暴雨，他发着烧仍然坚持作画。

画幅完成的时间定在复活节的前一天，而现在距复活节仅剩7天了，时间很紧迫。如果不能如期交画，维罗奇奥画师就要受罚。

这天，当维罗奇奥站在未完成的画作前思考时，达·芬奇走了过来。刚走到老师的背后，就听维罗奇奥老师自言自语地叨咕着：

"还剩下一个天使，这里要表现出狂喜地看着基督洗礼这个不平凡的场面，但又不能是根本不明白它具有什么重要意义的天真无知的孩童，还要让这个天使与另外一个不同，该如何落笔呢？"

这时，老师感到身后有人，就转过身来，一看是他十分欣赏的学生达·芬奇。

"是你啊，列奥纳多。"他的声音因高烧显得有些颤抖。

顿了顿，维罗奇奥老师又接着对达·芬奇说：

"过来，走近一点。你站在这里，不要遮住光线，让光线刚好落在事件发生的地方……对，就这里。看着，你在这里画上两个天使中的一个……你觉得怎么样？能完成任务吗？"

达·芬奇听了老师的话，简直惊呆了！这可是他从来都不敢想的事。老师把他当成了一个学成出徒的画家，让他参与老师画幅的创作，这是何等的殊荣啊！

达·芬奇感到自己心跳加快，声音也变得颤抖起来，兴奋、紧张，但又带着明显的热诚和渴望的表情，下定决心似地低声说道：

"我能够……老师，如果能让您满意，我一定尽力画好它！"

"那么好吧，为了让这个天使不像另外一个，"维罗奇奥先生又强调了一遍，"你开始工作吧。加油，我的列奥纳多！"

达·芬奇激动地接过画笔，站在画幅前。他内心既激动、兴奋又紧张，老师将这么重要的任务交给自己，这可是以前从未有过的。同时，他也开始让自己渐渐冷静下来，开始全身心地思考着他要创作的形象。

"要让这个天使不像另外一个……"

站在画布前，他的脑海中不断回荡着老师的话。

接着，他开始慢慢在画布上动笔，勾勒另外一个天使的轮廓……

这时，同学们都发现他在老师的画幅上作画，纷纷跑来观看。他们一个个露出羡慕的表情，认真地看着达·芬奇和他正在画的天使。

渐渐地，画布的空白处，一个跪着的天使出现了。这个天使目光严肃而又富于幻想，深情专注而不拘谨，面容生动、自然；满头的卷发，被一个晶莹得像薄纱一样的光环围绕着；衣褶也自然地垂落下来。

这个天使，的确与前一个完全不同。

达·芬奇竭尽全力地工作了好几天，当他画完这个天使的最后一笔时，就听见身后有人喊道：

"啊，列奥纳多，你真是太棒了！你画的天使比老师本人画得更好！"

许多同学也都跑过来，纷纷赞叹道：

"哇，真美妙啊！"

"列奥纳多，你真了不起！能画出这么棒的画作！"

……

正在这时，维罗奇奥先生的身影出现在画室门口。由于生病发烧，他显得十分憔悴。然而，当他看到画布上的天使时，眼睛忽然一亮，继而，目光既惊异又有些绝望。

"啊，我的学生，列奥纳多，你这是干了些什么啊！你到底干了些什么！"维罗奇奥先生喊道。

达·芬奇听了老师的话，感到有些心慌。他忙解释说：

"老师，当我来画的时候，您是同意让天使呈跪着的姿势的……"

"我不是说这个啊！啊，我说的是，在你画了这个天使以后，我就再也不配称作画家、称作你的老师了。以后，我只该去拿雕刻刀了！"

维罗奇奥先生说到做到。果然，从这次以后，维罗奇奥先生放下画笔，专心致力于雕塑艺术了。

这幅画让达·芬奇从此一鸣惊人，整个佛罗伦萨都为之震撼了。

达·芬奇在14岁时，父亲受一个贵族的委托，要画一幅盾面画作为他们家族的标志。他想让达·芬奇试试，看看儿子到底能画到什么程度。达·芬奇凭借自己丰富的想象力，用了一个月的时间，画成了一个吓人的妖怪美杜莎。这幅画完成后，达·芬奇请父亲来他的房间观看。他把窗遮上一半，将画架竖在光线恰好落在妖怪身上的地方。父亲刚走进房间，一下子就看到了这个面目狰狞的妖怪，吓得大叫起来。达·芬奇见状，大笑着对父亲说："你把画拿去吧，这就是它该产生的效果。"尽管父亲很难堪，但却不得不收敛起自己的失态，由衷地佩服儿子精妙绝伦的构思设计。

第五章　开办自己的画室

　　人的美德的荣誉比他的财富的名誉不知大多少倍。岂不见
多少人在钱财上一贫如洗，但在美德上却是富豪呢？

——达·芬奇

（一）

　　达·芬奇因为《基督的洗礼》而一鸣惊人后，老师维罗奇奥将他
推荐到佛罗伦萨的艺术家协会，那些赫赫有名的画家都来看他作画，
也十分欣赏这个乡下小伙子的艺术才华。

　　这时的达·芬奇已经20岁了，在画室学了4年画。他顺利地通过了
艺术家协会的画家资格考试，取得了独立经营画室的资格。

　　这期间，他回了一趟家。在老师那里学画是不准回家的。现在，
他和家庭的联系明显减少了，内心产生了一种沉重的孤独之情。

　　回到家才知道，祖母已经去世；新后妈对他也变得冷漠了；父亲
也衰老了许多，并对儿子总想学点什么东西，获得那些不能发财的知
识感到不满。

　　父亲皮埃罗埋怨达·芬奇说：

　　"用不了很久，我就跑不了法院了，也很难再绞尽脑汁地避开法律，把那些打官司的人从灾难中拯救出来。而你，虽然已经取得了画家资格，但还总不满足。列奥纳多，你为什么总喜欢与那些佛罗伦萨许多人都认为的巫师搅在一起呢？你现在已经学成了，就应该赶快开设自己的画室！"

　　从父亲的话中，达·芬奇感到自己应该开始事业了，并要担负起照顾家庭的责任来。

　　可是，他并不急于独立开设画室，而是继续留在老师维罗奇奥那里，一边作画，一边阅读一些科学书籍，绘制一些军事武器的草图，设想一些发明创造。

　　在这一时期，他的视野更加广阔，学习、涉猎的范围也更加广泛。

　　他喜欢每天到佛罗伦萨街头漫步，喜欢在热闹的市区里，在充满欢乐的节日里，在教堂的台阶上……仔细观察着。一旦遇到有趣的或是有特点的面孔、身影或人群，他就急忙从腰间摸出小本子，偷偷地、认真地画起速写来。

　　同时，他依然对音乐、舞蹈和赛马充满热爱。在赛马时，他总是拿第一；他歌声美妙，既能弹琴又能唱歌……

　　此外，除了进行艺术学习和创作外，达·芬奇还坚持他的科学研究，学习解剖学、地理学、物理学、工程学、建筑学等，为的是能够将这些科学研究运用到自己的艺术创作之中。

　　渐渐地，达·芬奇的笔记本上记录了大量的速写、草图，还有各种各样的哲学思考、讨论以及歌谣等，这些为他以后的艺术和科学创作积累了丰富的素材，做了大量珍贵的知识储备。

　　在维罗奇奥先生的画室中，达·芬奇一边做老师的助手，一边帮助老师带学生。维罗奇奥任命达·芬奇为绘画艺术班的领班，管理那些年轻的学徒们。同时，他还开始自己进行一些艺术创作。

因为对家乡山水的眷恋和怀念，1473年，达·芬奇创作了一幅山水画素描，题为《阿尔诺风景》，画中的内容是芬奇镇近郊亚诺河畔到皮斯托亚沿途的景色。画的一角，有他的亲笔题字：

作于1473年8月5日，圣玛利亚·斯涅日娜复活节。

题字是用反笔的笔法写的。达·芬奇几乎所有的题字，都是用这种方式书写。这幅画只能算是习作，未曾公开发表过。

第二年，他又画了一幅《吉涅夫拉·德·宾西肖像》。

1475年，达·芬奇创作了油画《受胎告知》和《加罗法诺圣母》等。其中《受胎告知》这幅画虽然不算十分有名气，但它已经充分显露出年轻画家的才华。画面上的一位美丽少女怀孕了，她羞涩地将这个喜讯告诉给她最相知的人。背景似乎是在客厅，窗外风景如画，宝塔、古树，都历历在目。

（二）

达·芬奇年轻气盛，总想好好完成老师的重托，帮助他带好学生，让他们尽快学会用石砚打磨颜料，用砂纸磨光画框，或学会用花果树液调制颜料。而他一有空就坐在自己的画架旁，帮老师完成他的画。

渐渐地，达·芬奇的艺术才华在同辈中引起了嫉妒，尤其是在维罗奇奥的画室中，有人开始感到愤愤不平，有人暗地里偷偷做手脚。

1476年4月8日的一天，达·芬奇和老师维罗奇奥正在一起教学徒作画，突然，两个自称为修道院办公室的人员（其实是佛罗伦萨的警察缉捕队）闯进了画室。

"列奥纳多·达·芬奇，你被捕了！"他们手里拿着一份文书说。

学徒们纷纷放下石砚、画笔等，跑过来围住警察：

"为什么？你们凭什么逮捕他？"

这时，维罗奇奥老师戴着工作帽，手里拿着一团泥巴也从雕塑工作室里跑出来，问道：

"发生了什么事？为什么这么闹哄哄的？"

"逮捕列奥纳多·达·芬奇。"警察说。

"凭什么逮捕他？他犯了什么罪？"维罗奇奥老师扔掉手中的泥巴，生气地问。

"知道告密箱吗？"警察颇为得意地说，"那个挂在老宫殿墙上的绿箱子。那里有一封控告信，控告列奥纳多·达·芬奇与一个17岁的模特有不正当的关系，还控告他与另外3个佛罗伦萨的青年有多种不轨行为。"

维罗奇奥老师轻蔑地嘘了一声。

真是可笑！达·芬奇就像他自己的儿子一样，在他的家里住了七八年。尽管他经常在屋里熬夜到凌晨，可他不是在读书，就是在计算一些连魔鬼都弄不清的数字，或者是在画画；白天，他更是在画室里尽职尽责地担任助手和领班，怎么会有时间出去鬼混呢？

维罗奇奥为达·芬奇辩解，可两个警察说，他们的任务只负责带达·芬奇回去受审。至于到底有没有罪，那要由法官审判后才知道。

达·芬奇脸色苍白地跟着警察走出画室。再过一个星期，就是他24岁的生日了，可他却稀里糊涂地进了监狱。

两个月后，达·芬奇的案件才开始审理。身着红袍的法官威严地坐在高高的席位上。面色苍白憔悴、头发蓬乱的达·芬奇被带到法庭上。经过一番激烈的辩论，法官宣布他无罪，因为谁也不能提供出证据证明达·芬奇犯了罪。

尽管如此，达·芬奇却一点也不欣喜，他的心中充满了仇恨和无奈。没有犯罪的他，仅仅被人诬告，就要在监狱里白白受两个月的罪。如今，没有人受到惩罚，没有人为他所受的诬告承担责任。公道何在？他感到十分悲观。

达·芬奇重新回到画室，表面上，他每天依然勤奋学习，积极工作，可他的内心却发生了变化。他的心中有了仇恨，他不再相信上帝，也不再相信任何人。在他最需要帮助时，上帝没有帮助他，也没有人肯伸出手将他从困境中拉出来。

此后，达·芬奇的生活方式也逐渐发生了变化。他学会了各种消遣的玩乐，并学会了刻意打扮自己，穿漂亮的衣服，玩各种杂耍。虽然还在画室工作，但却无意再以绘画为生，不想再做一个画家，不想再过清贫的日子。

（三）

达·芬奇的变化令老师维罗奇奥很担忧，他不想让这个才华横溢的学生这样白白浪费自己的青春年华。

维罗奇奥运用自己和上层人士的交情，为达·芬奇在佛罗伦萨宫廷中谋到了一个画师的职务，让他为市政议会专用教堂的圣坛画一幅画。这对于一个年仅二十多岁的画家来说，是个难得的好机会。而且，他还可以从宫中预支付25个弗洛林币。

25个弗洛林币够达·芬奇用一年的了。在老师的画室中担任领班，他每个月才能领到一个弗洛林币。

达·芬奇答应了，还与宫廷签订了合同，然后带着他的画具、书籍以及他的各种科学模型等，离开了维罗奇奥老师的画室，搬到老城区的一所简陋的房子中，开始了独立生活和独立工作。

在这期间，尤其是1478年时，达·芬奇也创作了一些画作，如油画《持花圣母》（又称《拈花圣母》或《贝诺亚圣母》）等。

这些作品大多都是圣母像。《持花圣母》，画的是一位美丽的母亲在用鲜花逗引孩子玩耍。

画中美丽的母亲看上去大概二十八九岁，脸上洋溢着幸福感。她微笑地注释着自己的作品：孩子。孩子胖乎乎的，正揪着母亲手中的鲜花。

整个画面，可以让人感觉出一种人间的温情，母与子被年轻的画家描绘得栩栩如生。

这幅画显示达·芬奇的画艺更加趋于成熟。在总结这幅画的经验时，他在自己的笔记本中记上：

"从明部到阴影的过渡——要像青烟一样美妙。"

从这些画作中也可以看出，这些作品与达·芬奇儿时的生活体验有关。尤其是第一个后妈对他的爱和呵护，给他留下了永不磨灭的印象。

同时，达·芬奇还创作了画作《魔术师的崇拜》，但这幅画最后未能完成。在这幅绘画中，形象众多，达·芬奇画了大量的草图。但现在能看到的，只是一个基色调。

1480年，心态逐渐稳定下来的达·芬奇在离开宫廷后开设了自己的画室。这时他只有28岁，但差不多已经是名扬整个佛罗伦萨艺术界的知名画家了。

画室刚刚开办，订单就像雪片一样源源不断地飞来。同时，他开始进行板面油画《圣哲罗姆》的绘制，圣哲罗姆是一个为了宗教可以忍受一切痛苦的基督教苦行僧。这一时期，他还在自己的画室中绘制了比较有名的两幅《报喜节》。

第一幅《报喜节》呈现的是圣母在露天下的凉台上得知喜讯的情景。周围是茂密的树林，飘满花香的盛开着的百合，小山脚下有潺潺的溪流。圣母呈跪着的姿态，望着微笑的天使。

第二幅《报喜节》略显不同，画面上的天使严肃而若有所思，圣母则惊喜地听着一个非同一般的消息。从圣母的衣褶到打开的书本、小桌，都是用完全艺术化的装饰纹样描绘出来的。

在选择当时艺术中最流行的圣母题目之后，达·芬奇摈弃了以往那种将圣母的形象描绘成威严的、感伤的或者沉思的样子的传统画法，塑造了欢乐的、充满真善美的、纯粹是尘世罕见的美感的圣母形象。

在画室开办后，达·芬奇还接到了葡萄牙国王的一份订单。他爽然地接受了，这份订单是为葡萄牙国王编织一条豪华的地毯绘制图样。

在这幅绘制图样中，达·芬奇设计了亚当和夏娃。在亚当和夏娃的周围，是许多珍禽异兽以及奇花异草。达·芬奇将这些东西绘制得惟妙惟肖，精致异常。尤其是棕榈树，袅袅婷婷，显得十分优美，显示了他长期修炼的深厚的艺术功底。

对此，苏联作家阿尔塔耶夫给出的最为精当的评价是：

"作为学者的达·芬奇，已经包含在作为艺术家的达·芬奇之中了。"

达·芬奇小时候有诵读困难的毛病，但他的两个手却能同时做不同的事情，一只手在向前画画时，另一只手可以向后书写，结果就创作了一个镜像手稿，别人很难读懂。大约在1512－1515年间，他用红铅笔画了一张肖像画，很多人认为那是他的一张真正的自画像。

第六章　初到米兰

愚昧将使你达不到任何成果，并在失望和忧郁之中自暴自弃。

——达·芬奇

（一）

佛罗伦萨是当时著名的商业城市。在佛罗伦萨，著名的商人兼银行家柯西莫是个颇有学问的地方执行长官。达·芬奇童年时，柯西莫在任。柯西莫乐于资助，身边集中了一大批科学家和艺术家。他更是不惜重金购买稀有的绘画、雕塑作品，尤其是那些名声在外、备受赞扬的艺术大师的作品。

柯西莫死后，他的孙子洛左伦·美第奇统治了佛罗伦萨的金融业，此执掌了政治大权，成为共和国的实际统治者。

美第奇具有较强的外交手腕，但生活奢靡，大肆挥霍钱财，不惜重金去获得那些稀有的古代雕像和浮雕，并喜欢御用学者和宫廷艺术家。与他的祖父柯西莫一样，美第奇将自己的卡列吉列别墅变成了一座意大利诗歌和艺术的殿堂。

达·芬奇不可避免地成为美第奇罗致和笼络的学者和艺术家中的一员。然而，美第奇并没有看出达·芬奇出类拔萃的天赋，认为他只是一个平庸的艺术家，希望他也和其他那些迎合他的艺术家一样，每天为他服务，让他开心。

这让达·芬奇感到抑郁和苦恼。可以说，在这里他毫无用武之地，每天都是在宴会、舞会和比武中浪费精力，浪费自己的青春。

结果，美第奇的暴政和大肆挥霍引起了人民的强烈愤恨：

"佛罗伦萨共和国成了一个空名了！在我们的身上，挂着暴君的镣铐！"

"那些重税害苦了我们，但卡列吉列别墅中的人却每天醉生梦死、寻欢作乐！这太不公平了！"

……

愤怒的人民纷纷起来反抗美第奇的暴政。佛罗伦萨的名门大姓之间为了争夺权力，也都纷纷参与到这场残酷的政治斗争当中。很快，政治斗争就演变成一场场残酷的械斗，大街上到处都是血淋淋的尸体，许多人被送上了绞刑架……

达·芬奇惊恐地目睹了这场惨剧，他的心颤栗了。

他觉得，佛罗伦萨已经不再适合艺术家生活，一切美好的事物在这里都遭受到了严酷的摧残。他应该离开这里。

可是，应该到哪里去呢？一直以来，达·芬奇都十分渴望有一个更为广阔的环境，能够让他尽情地发挥自己的艺术天赋。但他很清楚，如果没有一个强有力的保护者，这一切都是无法实现的。

经过思考，他决定先回芬奇镇看看，父亲在很久以前就已经从佛罗伦萨搬回芬奇镇居住了。也许父亲能给他一点好的建议，能告诉他以后应该去哪里寻找出路。

就这样，达·芬奇回到了芬奇镇。

家中老房子立于小街的一隅，大门左边的那棵老梧桐树还在，只是比当年显得更加粗壮和苍老。由于时光的流逝，家里的新花园不再新，新篱笆也变得陈旧，都被抹上了岁月的痕迹。花园中是一片斑驳的绿色，木桩也歪歪斜斜，但这一切似乎更显得深沉、艺术化了。

"爸爸。"达·芬奇看到父亲正坐在石板凳上，亲切地喊了一声。

皮埃罗显得更加苍老了，身子佝偻。听到喊声后，他慢慢地站起来，迎接着有名望的儿子的归来。

"啊，列奥纳多，原来是你回来了！……你几时到的？快到屋里来……啊，我老了，不中用了，就只好再找个帮手来……她叫鲁克列茨亚，已经是你的母亲了……"

皮埃罗先生说话有些吞吐，因为他又娶了新妻子，担心儿子不能接受。他的第二任妻子在几年前也去世了，没有为他留下一个儿女。

这位新妻子不善料理家务，但很年轻，相貌也不错。他担心这个年轻的妻子与外界接触，就把她锁在储藏室里，嘴上却说是让她在那里收拾东西。

如今，儿子回来了，皮埃罗才将新妻子从储藏室里放出来，让她与从未谋面的儿子见面。而他自己也胆战心惊地站在高大英俊的儿子面前，忐忑不安。

达·芬奇感到很失望。他原本想把自己的处境跟父亲讲一讲，让父亲给自己出出主意。在他的印象中，父亲见多识广，做事果断，一定能帮助自己指出一条明路。

可是，父亲老了，衰弱了，也迟钝了。达·芬奇的满腔热情一下子掉进了冰窟窿。

岁月无情地流逝，疼爱他的阿玛多里妈妈的笑声不再有了，祖母的故事也已成为过去，达·芬奇感到很孤独。他决定离开故乡，到外面去寻找梦想。

父亲没有挽留他，只是说：

"啊，列奥纳多，我的孩子，我知道你的事业有多么重要，那就走吧。我想，你一定会飞黄腾达的，你现在就已经是一个赫赫有名的大画家了！"

（二）

达·芬奇回到佛罗伦萨后，便去美第奇的官邸见美第奇，向他正式辞行。

当得知达·芬奇是来辞行的，美第奇大吃一惊，接着就皱起了眉头，问：

"你要去哪里？打算去多久呢？"

达·芬奇早有准备，因为他早就听说米兰大公路德维克·莫罗十分富有，而且喜爱艺术，奖励科技，鼓励学术。所以，他平静地回答说：

"请您批准我到米兰去吧。"

美第奇沉默了一会儿，然后用讥笑的口吻对达·芬奇说：

"好吧，好吧，我不阻拦你去发财。也许米兰大公会鼓励你继续创作呢！你在我这里实在是太一般、太平庸了，根本就没有创作出让我高兴的作品来。"

停顿了一下，他又说道：

"我命令准你的假，给你路费，顺便代我向米兰大公转达问候。如果哪天在米兰待不下去了，你还可以带着你的构思回到佛罗伦萨来。"

达·芬奇匆匆告别了美第奇，头也不回地走了。

1482年，达·芬奇在离开佛罗伦萨之前，给米兰大公路德维克·莫罗写了一封自荐信，表示自己会设计、制造各种城防、水利和桥梁等设施，还会制造各种兵器等，并能进行雕刻、建筑和绘画，希望能够获得米兰大公的赏识。

不久，米兰大公就给达·芬奇复信了，表示很欣赏他的才华，并希望他能到米兰宫廷任职。从此，达·芬奇便开始了他在科学和艺术方面的辉煌时期。

当时，米兰是法兰西和德意志通往意大利的一把"钥匙"，被称为意大利的"哨兵"。对于那些想向意大利伸手的欧洲邻国，她就是一座有力的屏障。与此同时，米兰又以金属工艺制品的精美而深深地吸引着欧洲各国的人们。

米兰大公路德维克·莫罗出身于平民阶层。在14世纪，他的祖上都是普普通通的农人。后来，他的家族渐渐获得了高阶层的权力和荣誉。

当时的意大利动荡不安，弱肉强食，叛乱迭起，到处都是阴谋、圈套和纷扰。而米兰，在强硬、计谋多端的莫罗掌权后，暂时获得了安宁。表面上看，米兰颇为兴旺；但事实上，莫罗爱权如命，残忍凶暴，这种统治者的性格又令米兰危机四伏。

在这种情况下，达·芬奇为何要执意前往米兰呢？因为他觉得，既然执政的都是暴君，都要他为其服务，那就要选择一个有较大能力、财力的暴君，这样才可能让他的理想得以实现。可以说，达·芬奇当时选择的道路，是借助暴君的外力来完善艺术的道路。

这在当时是很冒险的。达·芬奇反复分析了莫罗的双重性格，认为以自己的性格和才华，莫罗是不会拒绝他的，这一点他很自信。

何况这个时候，莫罗已经在全国各地征召了大批的艺术家、雕塑家、工程师等聚集在米兰，并且还建立了一所大学，让他们为大学服务。

就这样，一心渴望在科学领域有所作为的达·芬奇离开佛罗伦萨，义无反顾地动身前往米兰。在伦巴第平原上，达·芬奇第一次看到了阿尔卑斯山的雪峰，这让他感到特别倾心。他知道，自己的新生活就要开始了。米兰这块土地，即将成为他的第二故乡。

（三）

跟随达·芬奇一起去米兰的，还有他的三个徒弟和一个铁匠。

达·芬奇的三个徒弟中，年龄最大的名叫马尔科·德·安卓诺，成熟稳重，对画艺有很深的感悟。较大些的名叫让柯默·卡普罗吉斯，因为长相俊美，又文静可爱，人们都称他"萨拉伊诺"，也有人管他叫"假姑娘"。年龄最小的名叫科莫，是达·芬奇从佛罗伦萨街上捡来的，非常淘气，长得也不错，但他并不喜欢绘画。

铁匠名叫佐罗阿斯特罗，身材高大，一双大手宽厚有力，说话声音如雷，只有一个眼睛（另一只眼睛被熔铁炉的火花烧坏了）。这个手艺人对达·芬奇忠诚不二，敬仰的程度甚至到了忘我的境界。

经过10天的奔波劳顿，达·芬奇一行人来到了米兰。

米兰街道繁华，人群络绎不绝。达·芬奇和徒弟们又累又饿，急忙找到一个歇脚的旅店安顿下来，美美地吃了一顿，然后倒头便睡，一直睡到第二天天亮。

第二天清晨，天气寒冷，北风刺骨，但街上行人依然熙熙攘攘。达·芬奇和徒弟们也走出旅店，准备到公爵的宫殿里去。

大街上，商店一间连着一间，五颜六色的日用品和宗教用品琳琅满目，宽阔的街道上奔驰着许多装饰漂亮、有着贵族家族徽章图案的马车。远处的大教堂宏伟高大，尖塔耸入半空。

好大、好气派的米兰城！佛罗伦萨与之相比，不过是一个小城镇而已！米兰有30万市民，1.4万多家商店，在15世纪的欧洲是首屈一指的。

"来米兰真是来对了！"达·芬奇心里默念着，"米兰一定会给我带来好运。"

达·芬奇边想边加快了脚步，急于找到公爵的宫殿。

公爵的宫殿被米兰人称为斯弗查宫，米兰人没有不知道这个地方的。它宏伟、神秘、森严，高大的红墙和圆形塔环绕着里面的许多建筑。城墙外有两道深深的护城河静静地守护着，16道吊桥通向城门，每个城门都有手持兵器身穿盔甲的卫士把守，来访的人必须先呈上介绍信给传递官，然后再由传递官通知接见的时间。

达·芬奇和徒弟们很快就来到公爵宫殿前的吊桥，传递官接过达·芬奇递过来的佛罗伦萨大公的介绍信，让他们两天后再来。

两天以后，公爵单独接见了达·芬奇，徒弟们留在宫外。两个卫兵护送着他，经过吊桥，走过曲折的走廊宫殿，然后他被迎进一个富丽堂皇的大厅，这里是公爵专门用来接见客人的地方。

达·芬奇感到很紧张，宫里庄严肃穆神秘威严的气氛让他感到惶恐不安。这时，宽大厚重的雕花橡木门慢慢打开了，宫殿里的金碧辉煌几乎炫花了达·芬奇的双眼。不过，他还是看清了大厅的四壁都挂着画。这个发现大大地鼓舞了他，让他心里平静了许多。

达·芬奇抬起头，看到前面一排雪白的大理石栏杆后面，张着一副紫红色的天鹅绒天篷，里面高大宽阔的楠木椅上，坐着的正是摄政公爵路德维克·莫罗。

（四）

公爵面无表情，半闭着眼睛，像是在休息。他的脸上长着一个狭窄弯曲的鼻子，"像鲨鱼的鳍"，达·芬奇想着，觉得很好笑。他的头发乌黑发亮，额前有短发覆盖着，"像小女孩的刘海"，达·芬奇又想。他的蜷曲的头发齐肩长短，"像什么呢？"达·芬奇一时想不出来了。

听见有人进来了，公爵才慢慢睁开他那双黑而无神的眼睛，盯着达·芬奇。

达·芬奇赶紧施礼，然后恭恭敬敬地站在下面。这时，公爵谈起了佛罗伦萨大公美第奇给他的信。他讲话慢条斯理，几乎一字一顿，好像故意拿腔拿调似的，语气油腔滑调，却又显得很冷漠，完全是一副高高在上的姿态。

然后，他彬彬有礼地抬了抬他那裹在深红色镶着金黄色滚边的锦缎长袍里的右臂，示意达·芬奇表演一下他怀里抱着的琴。

达·芬奇不慌不忙地打开琴盒，拿出那把银光闪闪的琴。随即，清亮的琴声在高大的厅堂中响起。

公爵静静地听了一会儿，脸上渐渐露出了一丝微笑。弹完一曲后，公爵又慢条斯理地说了几句感谢的话，抬手示意侍从把琴拿给他看看。

侍从从达·芬奇手中接过琴，递给公爵。公爵接过琴，肥胖的手轻轻抚摸着琴柄上的装饰，浅浅地笑了一下，又把琴交给侍从，然后慵懒地抬了抬手臂，做了个"下去吧"的手势，示意接见结束了。

达·芬奇见状，马上从衣袖中拿出自己写好的信，请求公爵准许他读给公爵听。

公爵点了点头，又闭上了眼睛。

达·芬奇用他那好听的声音大声朗读起来：

"最杰出的阁下！经过认真研究各个著名军事机械师和设计师已经从事过的大量实验，我发现下面所写的武器性能不亚于过去已经大量使用过的武器，我愿意尽力向阁下详细地解释我的这些秘密武器……"

随后，达·芬奇列举了自己的各种才能，一本正经地告诉公爵，他可以建造"轻型可移动桥""无声钻掘隧道机""从后面填装的石炮""防火防弹和防烟船"等等。

公爵对这些并没有太大的兴趣，他可不想再打仗。他的祖父、父亲打了一辈子仗，31岁的他宁愿过这种平静安逸的日子。所以，他连眼皮也没眨。

达·芬奇似乎猜透了公爵的心思，忙接着说：

"我觉得，在和平时期，我可以在建筑、设计、公共和私人建筑及引水改道上同任何人相媲美。"

"我可以做大理石、青铜和泥土雕塑，还可以画出同任何人相媲美的画作来……"

公爵听着，感到更加不满了：好个夸夸其谈的家伙，你能有这么大的本领吗？恐怕是在欺骗我吧？

不过，公爵依然面无表情。

达·芬奇见公爵还是没有任何表示，便使出最后一招，妄图打动无动于衷的公爵。

"我还可以制作铜马，为您杰出的父亲塑造一座骑马的铜像，一座世上没有的巨大铜像，让您的父亲和著名的斯弗查宫永垂青史，永留光辉。"

达·芬奇想：这下公爵非动心不可。因为他早就知道公爵想要为父亲雕塑一座大型的铜马像，也曾请过不少雕塑家，但当时还不具备铸造大型铜像的技术条件，所以也没有一个雕塑家敢承揽这样的活儿。现在，自己主动提起这件事，公爵一定会答应让自己在宫中任职的。

公爵睁开眼后，还是面无表情地看着达·芬奇，因为他想看看这个家伙到底是不是骗子。但达·芬奇一脸的诚恳，一点也不像骗子。

"不是天才，就是傻瓜！"公爵想。

达·芬奇见公爵还是没有丝毫表示，不禁感到失望和沮丧。他不再说什么了，只是深深地鞠了一躬，然后等待公爵的吩咐。

公爵终于慢吞吞地开口了，他感谢琴手向他介绍的各种才能，但他表示自己已经有不少军事建筑家、雕塑家和画家了，他对这些人的技艺也很满意，所以宫里目前没有合适的位置给他这位多才多艺的人。

说完，公爵又慢吞吞地挥了挥他的胖手，示意会见结束。

达·芬奇失望地走出宫，刚才还满怀希望和兴奋，现在一下子全没了。等在宫外的徒弟们一看达·芬奇的表情就全明白了。

几天后，达·芬奇热泪盈眶地送几位徒弟返回佛罗伦萨，并把自己身上所剩无几的钱全给了徒弟们。此后，自己将要身无分文地只身流落米兰了。

第七章　进入米兰宫廷

真理只有一个，它不在宗教中，而是在科学中。

——达·芬奇

（一）

1482年2月的米兰，冬季还没有结束。这个冬季似乎特别的漫长而寒冷。达·芬奇孤苦伶仃，身无分文，漫无目的地在大街上游逛，希望能找到一位画家收留他，可没有一个人认识他，自然也不愿意收留他。

他哈着手、缩着肩，把头深深地埋在斗篷下，寒冷的北风像刀子一样刺得他的脸生疼。他想到商店里取取暖，但店员把他挡在了门外。

高高的教堂通常都是流浪汉们冬天避寒的地方，慈悲的天主和侍奉上帝的教士们有时会允许流浪汉们去躲避风寒。修道院里还布施餐饭，一到吃饭的时间，那些乞丐和流浪汉们就跑到教堂前排起队，一人一小碗稀粥、一块薄饼以维持生命。

达·芬奇有时也会加入到这个队伍中，虽然他感到很羞愧，但的确是没办法，只能低着头遮着脸去领取一份粥饼。

就这样，他过了一个多月噩梦一般的乞丐生活。

进入3月，天渐渐转暖了。这天，达·芬奇游荡在一个偏僻的街道上，突然像发现新大陆一样，惊喜地看到一个挂着"普雷迪斯兄弟画室"招牌的艺术室。

达·芬奇鼓起勇气，走上前去敲门。门开了，出来一个人，是普雷迪斯三兄弟中的一个。达·芬奇提出，希望可以在这个画室找一份绘画工作的差事。兄弟三人听完，互相看了看，然后老大提出让达·芬奇先作一幅画看看。达·芬奇很高兴，他拿起画笔，很快就在画板上描画起来。他画了自己最拿手的画：小天使。画中的小天使脸上呈现出若有若无的微笑，一下子就征服了普雷迪斯兄弟三人。他们看出，眼前这个流浪汉是个很棒的画家。他们决定让达·芬奇留下来。

就这样，达·芬奇搬进了"普雷迪斯兄弟画室"，和他们一起绘画。

画室的生意并不景气，上门买画的寥寥无几，兄弟们常常要到外面自己找活干，为贵族大宅画一些壁画，或者为仕女老爷们画肖像画，有时还为教堂画点圣坛画。不久，他们就为达·芬奇找了一个重要的差事：为一家小教堂画一幅圣母玛利亚游览的圣坛画。

很快，达·芬奇就去小教堂签了合同。教堂主事和修道士们已经有了构思，他们把要求都清楚地写在合同里，要求画面上有上帝、圣母玛利亚、几个小天使和一两个预言家，背景是群山，山间放着一个摇篮，孩提耶稣就坐在里面，所有人的头顶上都要罩着光环。

这幅画的商定价格为200弗洛林币，画要在20个月内完成，最迟于1484年12月前画好。

达·芬奇从未挣过这么多的钱，他下决心一定要按时完成。他预支了一笔订金后，便开始专心作画。其实如果按照修道士们的构思来画的话，他很快就能完成。但他想在其中加入一些自己的构思，因此，他常常一个人到米兰郊外散步，寻找素材和灵感。

春暖花开，百鸟歌唱，温暖的阳光照在身上，达·芬奇似乎找到了圣母玛利亚照看小耶稣的感觉。他的脑海中出现了"圣母玛利亚"游览的画面：圣母、圣子一起来到一个凉爽的山洞中休息，周围鲜花盛开，天使则站在一旁。

他将这个画面牢牢地刻在脑海中，然后急忙赶回家，铺开画板，开始全身心地投入到创作之中。一连三个星期，他几乎都在废寝忘食地作画。

（二）

就在这年的初夏，米兰爆发了一场罕见的瘟疫，不断有人患病和死去，一辆又一辆装满尸体的红色车子驶向公墓，城里到处都充满了死亡的恐惧感。教士们说，只有赎罪才能避开瘟疫。因此，点着篝火的广场上挤满了祈祷的人群，教士们一丝不挂地在街上用鞭子抽打着自己。

出现这种状况，米兰的修道士们也顾不上绘画了，他们全都投入到救助病人的工作当中。达·芬奇也十分同情那些不幸的人们，他想对瘟疫的爆发原因进行研究，找出医治和防止瘟疫进一步扩散的办法。他觉得：这件事要比画一幅圣坛画更重要。

原因很快就被达·芬奇找到了。

"如此一大堆人像羊群一样挤在一起，发着臭气，散布着瘟疫与死亡。"他兴奋地寻找着解决问题的方法，并很快有答案，"我们必须把他们分开。"他要重建米兰，散发着臭气和蔓延着瘟疫的旧米兰只能被夷为平地，这样才能真正拯救米兰人。

达·芬奇所设想的新米兰应该是这样的：改建10个只有3万人口、5000户人家的小城。小城要分布在河的两岸，城市分两层，一些人住在上面，一些人住在下面；城里要装置一套排污设施，用一系列的地下管道将城里的污水污物等排到外面的河里去。城市中还要扩展街道，街道的两旁应该有漂亮的建筑。

在设计好这些建筑方案后，达·芬奇将自己的方案写信告诉正在郊外庄园躲避瘟疫的米兰大公。

"……这样一来，您就能将羊群一样拥挤在一起的人们疏散开，避免他们污浊空气、扩散瘟疫。"

同时，达·芬奇还在信中恳求公爵：

"请您授权给我吧！新建的城市一定可以成为美的典范，价值无量。"

可是，米兰公爵根本不想重建米兰，因此达·芬奇的信如石沉大海。但是，充满了幻想的画家依然在幻想着，等待公爵授权给他去实施他那宏伟的重建米兰的方案。

同时，他还进一步完善了自己的建筑方案，为新的城市设计了"干净且气味新鲜的""池内不留粪便"的新厕所，还设计了"厕所里散发出臭味的通气孔"，以及可以移动的便池。另外，他还设计出一种螺旋形的楼梯，可以帮助解决米兰市民喜欢在楼梯平台休息的坏习惯。

1484年12月很快就来临了，醉心于重建米兰的达·芬奇早已将圣坛画的事忘得一干二净。然而，牢记合同的修道士们却没忘记来达·芬奇的住处索要他们预定的画。

达·芬奇从一大堆设计草图中找出来那幅落满灰尘的画稿。

"我还没有画好，能过几天再来看吗？"达·芬奇向修道士们说。

修道士们坚持要看一看。达·芬奇只好擦净画面，递给他们。

画面自然不能令修道士满意，上帝在哪？预言家在哪？小耶稣坐在地上，而不是如约定时那样躺在摇篮里。画面上没有山，也没有光环，构思与他们当初设想的完全不一样！

修道士们很生气，扔给达·芬奇25弗洛林币，拂袖而去。

25弗洛林币根本无法维持生活，达·芬奇必须再想办法挣钱养活自己，普雷迪斯兄弟不会白白地供给他食宿。于是，他只好放下自己改建米兰城的计划，去画一幅名叫《圣母玛利亚和圣婴》的商品画，只有在晚上才能从事设计工作。

在这期间，达·芬奇还画出了一些诸如烟囱、装炮弹用的灵活螺旋的发明草图，以及一些研究墙壁裂缝、铁丝拉力和横梁承受力的计算草图。

一转眼3年过去了，曾经满怀豪情壮志的达·芬奇在米兰依然默默无闻，这让35岁的画家心灰意冷，但又不甘心就此离开米兰。这时，他在宫廷中找份差事的想法再一次复活了。

（三）

1487年春，好心的普雷迪斯兄弟到米兰公爵的宫殿中去画壁画，宫内的总管希望他们能给宫中的一个重要女性画一幅画像。可是，普雷迪斯兄弟画女性画像并不在行，这让他们想到了达·芬奇。他笔下的圣母玛利亚、小天使都带着一种迷人的神情。如果让他来画，一定可以画得很好。于是，他们向宫廷主管推荐了达·芬奇。

当达·芬奇听说自己可以进宫画画后，兴奋得抱着普雷迪斯三兄弟亲了又亲。除了在佛罗伦萨时老师维罗奇奥给予他极大的帮助外，就是眼前这三兄弟给予自己的帮助最大了。

第二天，达·芬奇就把自己精心地打扮了一番，穿上他最好的那件紫色外套，系上最漂亮的黑色领带，干净潇洒地再次走进了公爵的宫殿。

这个时候，公爵年轻的女友切奇莉亚·加莱拉尼正在等着这位画家的到来。

17岁的切奇莉亚是米兰一位贵族的女儿，金发碧眼，身体苗条，公爵很喜爱这个娇柔的小姑娘。为了讨她的欢心，公爵找了许多画家来给她画像，但都不能让她满意。画像中的人物要么不像她，要么看起来死气沉沉毫无生气，缺乏姑娘娇柔的气质和传神的韵态。

来到宫廷后，达·芬奇被侍者领进切奇莉亚的卧室。

啊！这里可真漂亮！达·芬奇从未见过这么富丽堂皇的卧室：地面上铺着波斯地毯，墙壁上挂着波斯挂毯，窗上挂着深红色的丝绒窗帘，床上是金光闪烁的锦缎被罩帐幔，瑰丽豪华。龙涎香的香气和麝香的芬芳混合在一起，令人神迷心醉。达·芬奇几乎醉了。

切奇莉亚穿着华贵的丝绸衣服，脖子上挂着一串串闪光的珍珠和钻石项链，金色的头发高高地盘在头顶，一串钻石和黄金制作的头饰在发鬓间闪烁。她正坐在窗前光线最好的地方，等着这位新来的画家给她画像。

达·芬奇进来向切奇莉亚施礼后，便坐下来定神准备作画。渐渐地，画板上出现一双炯炯有神顾盼自如流露出无限温柔的美目，这双美目向每一位注释着她的人传送出含情脉脉和极富深意的目光；接着，猩红的小嘴也轮廓分明地出现了，嘴角微微上扬，露出一种顽童一般狡黠、挑逗性的微笑。

一旁的公爵简直被这幅出色的画像迷住了。他站在画像前久久地凝视着，从不同的角度来欣赏这位心上人那双无限深情的美目和极富挑逗的微笑。

这个家伙还真有点本事！公爵站在旁边，望着正在专心作画的达·芬奇。很快，他的笔下又出现一双极富质感的纤纤细手。那双小手细腻而白皙，仿佛正柔软温热着，让人忍不住想抚摸一下。

渐渐地，达·芬奇在公爵心中5年前留下的夸夸其谈、言过其实的吹牛家印象消失了。公爵发现，这的确是个不凡的画家。

接着，达·芬奇又为画中的人物穿上华贵的貂皮大衣。那貂皮看起来毛茸茸的，滑溜光亮，呈现出无限的柔软爽滑之感。公爵忍不住用手摸了一下，手触到的却只是不太光滑的画布。

画作完成了。公爵抬起无神的眼睛看了看达·芬奇，心中不禁想着：也许他真的可以造一座铜雕像出来，也许他真的是一个如他所说那样杰出的雕塑家。

"你……真的能铸造出斯弗查纪念铜像吗？"公爵忍不住，脱口问了一句。

达·芬奇有些激动，心怦怦地跳了起来。这几天，他每天都早出晚归，丝毫不敢懈怠地给公爵的女友画像，就是想画得好一些，让公爵的女友喜欢，然后也能给自己创造一个进宫工作的机会。

这幅画果然达到了他预期的效果，切奇莉亚很喜欢，她常常站在它面前笑逐颜开。但达·芬奇没想到，公爵对这幅画也很满意，并且还主动问起自己铸造铜像的事。

看来，机会真的来了！一定得抓住这难得的时机！

"阁下，请您给我两年的时间，阁下就一定能在您的宫中看到一座凌空腾飞的战马和您那可敬的父亲挥刀跃马的雕像。它将是意大利独一无二的，也将是世界上独一无二的！"

达·芬奇充满自信地回答。他的语气分明是在告诉公爵：铸造雕像的工作非他莫属，只有他，列奥纳多·达·芬奇，才能够完成这一光荣而艰巨的任务。

不过，这一次他并没有像上次那样夸夸其谈。

公爵没有再说话，因为女友那栩栩如生、神态诱人的画像再次吸引了他的目光。但他在心中已经决定了，准备委派达·芬奇到宫廷中担任雕塑师职务，负责雕塑弗朗西斯科·斯弗查公爵的青铜骑马像。

59

达·芬奇是个非常刻苦勤勉、惜时如金的人，他创造的定时短期睡眠延时工作法很为人们所称道。这种方法是通过对睡与不睡的硬性规律性调节来提高时间利用率，即每工作4小时就睡15分钟。这样，一昼夜花在睡眠上的时间累计只有不足1.5小时，从而可以争取到更多的时间工作。

第八章　米兰宫廷中的宠儿

　　有天资的人，当他们工作得最少的时候，实际上是他们工作得最多的时候。因为他们是在构思，并把想法酝酿成熟，这些想法随后就通过他们的手表达出来。

——达·芬奇

（一）

　　在给公爵的女友画完像几天后，达·芬奇接到了宫廷的任命：任命列奥纳多·达·芬奇为斯弗查宫廷建筑师，月薪为5弗洛林币。

　　达·芬奇听完传令官宣读完任命后，欣喜若狂。他紧紧地拥抱上前表示祝贺的普雷迪斯兄弟三人，泪流满面。

　　困顿半生的他也该时来运转了！虽然他离开佛罗伦萨到米兰时，怀揣的理想是到宫廷担任军队的总工程师，虽然现在职务远不如理想中的职务显赫重要，但不论怎样，他已经在宫廷中谋到工作了。最主要的是，他从此有了自己的住所和固定的薪水，不用再寄人篱下，也不用每天东奔西跑地寻找糊口的活计了！对这份工作，达·芬奇非常满意。

第二天，达·芬奇就去赴任了。跨进他心驰神往多年的斯弗查宫殿，他的生活从此也将发生巨大的变化。他带着自己的那些罗盘、书籍和可怜的行李搬到宫廷中，在仆人宿舍区"老宫廷"的三间房里住了下来。

公爵命令将米兰郊区要塞和圣代列·格雷契修道院之间的土地划归给达·芬奇。很快，达·芬奇就在那儿建起了一幢宽敞的房舍作为他的创作室。在花园的深处，有一道总是锁着的小门，在它的里边还有一间很小巧的建筑物，那里是达·芬奇的实验室。

在忙于献身艺术和宫廷的时候，达·芬奇也没有忘记他的科学实验、论证和发明科技领域中的原理和知识等。

接下来，达·芬奇便信心十足地投入到宫廷雕塑工作当中。他相信，自己在两年内一定可以完成这个世界上独一无二的艺术品，他会让意大利和世界为他而震惊。

达·芬奇开始夜以继日地计算数据。当时的铜雕像一般都不超过1米，重不超过907千克，达·芬奇觉得这太小了，不足以引起世界的重视。他反复计算，为此，还专门请教了一位教授数学的教授给予他指导。

几个月后，达·芬奇公布了自己的计算结果和设计方案：铜马高13.7米，重90.7吨；人物高11米，重68吨。

这个数据一公布，立刻引起了一阵惊呼声，整个意大利半岛都为之轰动了。人们纷纷议论，有人相信他能办到，有人对此嗤之以鼻，有人甚至还为此打起了赌……

达·芬奇对此毫不在意，他将自己关在工作室中，开始夜以继日地干起来。他首先设计了两个方案。究竟选择哪个方案，他还有点举棋不定。

第一个方案是：宁静的准备出发的马背上，骑着骄傲的胜利者。

第二个方案是：跃起的马蹄上，被打翻在地的敌人。

几经思考，最后达·芬奇选定了第一个方案。

接下来就是画草图了。为了设计这个草图，达·芬奇画了无数匹各种形式的马：有奔马，有单脚跃起的马，还有纵身一跃的马等。马的各个部位的草图也很多，如马蹄、马嘴、马腿等。

画好草图后，达·芬奇开始制作模型。首先，他要制作出几英寸大小的蜡制模型。设计中的马蹄腾空而起，全靠后腿支撑马的重量和背上肥胖将军的重量。

经过精心的计算，达·芬奇终于找到了支持点。可惜，在制成蜡制模型后却站立不住。第一具小模型倒在地上，摔了个粉碎。

达·芬奇把摔碎的模型踢到一边，重新开始熔蜡、浇铸。火烤红了他的脸，灼热的蜡汁不小心就会滴到手上或脚上，在皮肤上灼起一个个水泡，疼痛难忍。他随便在灼伤处涂上一点獾油，继续埋头浇铸。

此时的达·芬奇，内心已经被创作的欲望填满了，那栩栩如生呼之欲出的跃马扬鞭的将军形象让他感到激动不已。只有把它完成了，他才可以休息。可以说，创作的热情如烈火一般炙烤着达·芬奇。

（二）

夜以继日地又干了几天后，第二具模型造成了，达·芬奇小心翼翼地从沙模里取出完全凝固冷却的蜡像。

蜡像做得很不错，腾空的马似乎要飞跃起来了，鬃毛飘扬，威武雄壮。

"上帝啊，希望这次它可以稳稳地站立起来！"达·芬奇默默地祷告着，同时也更加小心地捧着蜡制马，把它轻轻地放在桌面上，然后小心翼翼地缩回手。

还好，这一次站稳了！

达·芬奇的手慢慢离开蜡像，刚想挺身喊一声"上帝，我成功啦！"结果蜡像一下子掉到地上，又摔碎了！

达·芬奇心疼懊恼得脸色发白，全身颤抖地扑过去抢救。可是已经来不及了，蜡像马已经身首异处躺在地上，成了碎片。

一连几次的失败，严重挫伤了达·芬奇的创作热情和工作积极性。几个月过去了，他还没有制成一座可以稳稳站立的前腿腾空的蜡马模型，这让达·芬奇有点着急了。

没办法，达·芬奇只好把自己关在屋子里，重新计算起数据了，因为他觉得可能是自己前期的数据计算不够准确，所以做出来的蜡像马总是站不住。

密密麻麻的数学公式，他写满了一张又一张，还是没有找到更满意的答案。每当计算出一个新结果，达·芬奇就以为找到了解决问题的方法，欣喜若狂地跑到工棚里，生火熔蜡，制作沙模浇铸，不知疲倦，心怀热望地等待，然后再取模出来放置，再次摔倒粉碎，最后再垂头丧气地走出工棚，继续计算……

不知道这样重复了多少次，也不知道用了多长时间，工棚的地面上堆起有足足13厘米厚的蜡马像的残肢碎片。

达·芬奇早已忘记了时间，而时间已经在不知不觉中进入到1489年，两年的期限马上就到了。

一直以来，公爵都没有询问达·芬奇的进展情况。在即将到期时，公爵携带女友切奇莉亚漫步到工棚，希望可以看到眼前已经耸立起父亲挥刀跃马的英姿。

然而，当他推开达·芬奇的工棚的门时，怔住了：工棚里到处都是一堆堆摔碎的蜡像，横七竖八地堆放在地面上；工作台上也积满了灰尘。肮脏的工棚当中，既没有腾空的骏马，也没有挥刀的将军。

公爵非常生气，但他并没有当场发作，而是拉起女友，气冲冲地拖着肥胖的身躯离开了工棚。

回到宫里后，公爵把宫廷总管叫过来大骂一通，命令他马上重新找几个艺术家过来建造铜像，把达·芬奇那个大骗子赶走。

达·芬奇听说公爵要把自己赶出宫去，非常害怕。一想到以前那种朝不保夕、饥肠辘辘的困顿生活，他就感到发抖。整整一夜，他都在想补救的办法，怎样才能既不低声下气，又能让公爵原谅他呢？

第二天旭日初升时，达·芬奇终于做出决定：写一封语气委婉、态度诚恳的信给公爵，为自己的失败找到一个可信的理由，也许公爵能原谅他呢。

于是，他马上提起笔，开始给公爵写信。写了几个字，就觉得不满意，便撕掉重写……就这样，撕了写，写了撕，地上都是撕掉的废信，一直到太阳下山，他才算正式写完。

达·芬奇自己读了两遍，感觉还不错，措辞婉转，语气真挚，估计能打动公爵的心，原谅自己。

随后，他郑重其事地将信装入一个华丽的信封中，托宫廷主管将信呈交给公爵。

让达·芬奇欣慰的是，公爵在看到这封信后，怒气还真的平息了不少。当看到"我只是个普通的佛罗伦萨的列奥纳多·达·芬奇，缺少古人那种非凡的平衡能力。我尽了最大的努力，还是不能让马站立起来。愿宽宏大量的阁下赦免我的罪孽"时，公爵轻蔑地笑了，然后把信撕掉了。当然，随着撕碎的纸片，公爵的气也消了。

通过这封信，达·芬奇可以继续留在宫中了，但他却感到烦恼而痛苦。因为在同伴们的眼中，他成了一个可耻的、无能的吹牛者。无奈之下，他只好每天把自己关在屋子里，涂涂画画地过着难熬的日子。

（三）

这个时期，米兰宫廷十分热闹，因为公爵的侄子吉安要成亲了。

吉安是米兰公国合法的继承人，莫罗公爵其实只是个摄政公爵。但为了夺取侄子的继承权，极有心计的莫罗将吉安培养成了一个胸无大志、每天只知道酗酒胡闹的废物。

如今，吉安已经19岁了，公爵便为他张罗了一门婚事。工于计谋的公爵为了更好地控制吉安，决定将自己姐姐的女儿嫁给他。

1489年2月，斯弗查宫廷张灯结彩，热闹非凡，盛大的结婚仪式让整个米兰城的气氛都变得热烈起来。鲜红的、雪白的地毯从斯弗查宫一直铺到大教堂，一队牧师和一队头戴金盔、马匹上披彩挂金的骑士，走在结婚队伍的前面担任仪仗队。新娘新郎盛装并肩骑在马上，侍从们一路撒着纸花和糖果，乐队奏着喜庆的结婚曲。全米兰的市民都纷纷涌到街道两旁，观看这场盛大的结婚盛典。

按照米兰的惯例，公爵结婚，婚后要大庆一年。但由于新娘的母亲去世，婚后的庆典便推迟一年进行。正当宫廷要组织庆典活动时，宫廷的司仪官又病倒了，一时没有合适的人代替他。

这时，宫廷总管想到了闲居在宫中的达·芬奇。总管觉得，也该让达·芬奇干点事儿了，宫中不能每天白白地养着他吃闲饭。雕塑看来是没希望了，催了他好多次，他每次都有推诿的借口。战马虽然由原来的13.7米高的设计降到了8米，并由前蹄腾空的雄姿变成一匹温顺、慢行的大肚子马，可达·芬奇还是没有设计出合适的模型来。何况，到哪里找那么多的青铜呢？只是因为公爵没有发布解聘达·芬奇的命令，总管不好擅自做主让他走。

于是，总管找到达·芬奇，让他代替生病的司仪官，为宫廷准备1490年1月宫中的庆典活动。

新的任务让达·芬奇孤寂痛苦的生活又有了新的生机，热情、活力、欲望、精力重新回到他的体内。他开始每天在宫里走来走去，筹备庆典活动。他深信自己的组织才能，会杂耍，会跳舞，会唱歌，会弹琴，他还亲自挑选演出的演员，从体型、长相到气质，都一定要完美。

另外，达·芬奇还亲自动手写了一部舞剧，又自己动手为舞剧作曲。舞剧演员的服装也都由他亲自设计，布景由他绘制。

宫中庆典活动在达·芬奇的热情筹备下紧张地进行着，并于1490年1月如期举行了。

那天，米兰公爵和公爵夫人盛装华服，坐在宫殿正厅高高的大座位上，宫廷贵族和贵妇们个个穿着豪华的礼服，珠光宝气地坐在自己的位子上。米兰公国最为盛大的庆典就要开始了。

达·芬奇身穿他那件最喜欢的紫红色绸缎外套，头戴紫色天鹅绒帽子，脖子上围着雪白的围巾，神采奕奕地站在司仪官的位置上，指挥着庆典的演出。他因为兴奋和激动而显得脸色发红，额头还微微冒着汗珠。

他优雅地向公爵和贵宾们行礼，然后双手轻轻一扬，乐队便奏起了他创作的庆典曲，一队盛装的女演员排着队，踮着脚尖跳起了优美的舞蹈。

接着，芭蕾舞剧《天堂的盛宴》也开始了，上帝的扮演者以他那

67

优美刚健的舞姿引起一阵阵的掌声。舞剧情节紧凑热闹，舞蹈优美动人，音乐悠扬欢快，公爵非常满意。

庆典完美落幕，达·芬奇一下子又成了宫中的宠儿，公爵这次又正式任命他为宫廷司仪官，专门负责组织一些宫廷节目庆典活动等。仆人们见到他，也都要向他脱帽致意。达·芬奇一下子感受到了从未有过的显赫和荣耀。

渐渐地，达·芬奇在宫中的人气高涨起来，公爵夫人也十分青睐他，达·芬奇成了公爵夫人的座上客，有时还在公爵夫人面前弹琴唱歌。

为了更好地扮演司仪官的角色，达·芬奇还克服了艺术家的懒散习惯，勤学苦练，努力改变自己的农民出身给自己带来的不足。

与此同时，他还开始刻意地美化自己，讲究衣着的华美，要求衣服要精心缝制，质地要高贵，色彩要鲜艳。他的头上经常戴着一顶漂亮的黑色丝绒帽，精心修剪他灰白色的长胡须，并喷洒上名贵的香水，再涂上一点蜡，以保持它的形状。此时的达·芬奇英俊潇洒，举止优雅高贵，原本那种乡下人的气质和缺少正规教育的痕迹已经荡然无存。

在宫中，达·芬奇成了最受欢迎的司仪官，贵族们也不敢再藐视这个农民的儿子了，有些人还主动与他结交，把他视为朋友和知己。贵夫人们也像公爵夫人一样喜欢他，喜欢听他唱歌弹琴，喜欢请他为她们的服饰打扮提出建议。

达·芬奇感到很幸福和满足，而幸福的日子是不适宜艺术创作的。在这期间，虽然他也有过一两次创作的冲动，想完成他那不朽的雕塑，但却始终未能如愿以偿。冲动与热情往往都是一闪即逝，最后他只塑了一只泥马，让它高高地耸立在工棚里，上面落满了灰尘。在法军入侵米兰之后，它成了法军士兵的靶子，最终荡然无存了。

第九章 《最后的晚餐》

应当耐心听取他人的意见，认真考虑指责你的人是否有理。如果他有理，你就修正自己的错误；如果他理亏，你只当没听见。若他是一个你所敬重的人，那么可以通过讨论，提出他不正确的地方。

——达·芬奇

（一）

就在达·芬奇在米兰宫中享受舒适生活的时候，斯弗查王宫中的权力之争开始日渐白热化，摄政公爵和他的夫人不得不密谋贿赂法国朝臣，引来法国国王查理和他的军队进驻米兰，协助他们争权夺利。

不久，吉安病死，摄政公爵夫妇在法国军队的支持下，正式被授予米兰公爵和公爵夫人的称号，执掌了米兰国。

可是，公爵却对公爵夫人产生了怨恨，因为为争夺王位所花费的巨额钱财已经令王宫发生了财政危机，这一切都是公爵夫人经手的。为此，公爵削夺了公爵夫人的权力，同时决定缩减宫廷开支。

这样一来，达·芬奇的日子就变得不太好过了。因为公爵禁止宫里再进行铺张浪费的喜庆活动，也不再搞什么舞会和盛宴了，作为庆典活动的组织者和主持人的司仪官达·芬奇就面临无事可做而失业的危险。他开始为自己的前途担忧起来。

不过，公爵倒还算仁慈，没有把达·芬奇赶出宫去，但也不允许他在宫里每天闲逛无所事事。他是个画家，那干脆就回到老本行好了，所以派他到圣玛利亚·德拉·格拉奇耶修道院。那里的食堂墙壁上一片空白，修道院院长多次请求公爵派一个画师前往作一幅圣画，以便让修道士们在进餐时也能接受圣经的教诲，沐浴天主耶稣的圣光。

经过研究讨论，修道士们认为应该画一幅名为《最后的晚餐》的圣经画，觉得这样最适合食堂的环境和气氛。

达·芬奇很不情愿地接受了这一任务。与在宫廷主持庆典比起来，绘画是辛苦而枯燥的事业，没有热闹，没有音乐，没有舞蹈，而是需要画师独自面壁，挥笔辛劳。这时的达·芬奇，已经被宫廷安逸豪华的生活宠得有点怕苦怕累了。

但是，他又不能违抗公爵的命令，否则他就可能会被彻底赶出宫，流浪街头。

于是，1495年，43岁的达·芬奇接受了这项任务，并签订了合同。

《最后的晚餐》取材于《圣经》中"约翰福音"的第十三章，描写的是耶稣在逾越节（犹太民族的重要节日）的晚上，已经预知到自己的死期快到了，与12个门徒一起共进晚餐的情景，因此名为《最后的晚餐》。

在进餐的时候，耶稣忽然望着大家说：

"我告诉你们，在你们中间，有一个人将要出卖我了。"

耶稣的话就像以石击水一样，翻起层层波澜。门徒们一下子都惊呆了，他们互相对望，猜不透耶稣指的人究竟是谁。

正是这一刹那，每个门徒都为他们的内心感情所驱使，呈现出各种不同的姿态和表情。

达·芬奇就要根据门徒们呈现出来的这一特点，对这幅画进行构思创作。

在《圣经》故事中讲道：犹大为了30个银币，出卖了自己的老师耶稣。

关于犹大出卖耶稣的这一宗教题材，创作起来难度是比较大的，因为这里有强烈的戏剧性和比较复杂的情节，而且要在瞬间把人物内心的活动表现出来，这是十分不容易的。

（二）

达·芬奇来到修道院的食堂，站在那面11米高的墙壁前，久久地望着、思考着。此时的达·芬奇虽然已经很久没作画了，但他还是坚持自己的创意，不走寻常之路。在艺术创作上，想要绘制出不朽的艺术作品，只有走自己的路，用自己的方法，因为艺术需要独辟蹊径的创造性和创新性。

在壁画创作过程中，通常都是先涂上一层很薄的彩色灰面，然后再用油彩绘制，但达·芬奇不想用这种传统的方法。为此，他进行了大量的工作，一方面认真研究前人的族谱，尤其是佛罗伦萨画家卡斯塔尼奥的《最后的晚餐》，让他获得了很大的启示。

另一方面，他仔细研究画中即将出现的《圣经》中的13个人物，他们各自的年龄、身份、性格和经历等，并猜测和想象他们在当时可能出现的反应等。

为了积累素材，达·芬奇常常一个人跑到人群中，仔细观察人们的各种表情，并随时快速记下他们的各自特征，或当场画下速写，然后回去再仔细推敲。

达·芬奇非常注意研究人物的动作、表情、姿态等。他曾告诉他的学生们说：

"要记住，绘画里最重要的问题，就是每一个人物的动作都应该表现出他的精神状态。一个用动作最完善地表达出激励了他的热情的人物，是最值得赞许的。此外，还要悄悄观察旁人漫不经心的、自然的表情，用几根线条简要地勾画出来，别让他察觉，否则会引起他们的注意，以至于他们所做的动作全都失去了全神贯注时所表现出来的那种劲头……"

为了让人物的姿态、动作表现得更加精确传神，达·芬奇一直坚持对人体解剖学的研究。在当时，进行人体解剖是不被允许的。为此，达·芬奇只好到医院或公墓去偷死尸，或者给刽子手一些钱，从他们的手中买下死囚的尸体，回来后亲手解剖，其中所表现的勇气和艰辛是常人难以预料的。

他曾在笔记中写道：

"即使你对科学有兴趣，你也可能会被那些天然的臭气弄得退避三舍，或者也会害怕在晚上摆弄这些被肢解的尸体……你可能缺乏耐心而不够勤奋，在这方面我不曾被懒惰所阻碍，阻碍我的只是时间不够。"

接着，他又在笔记中就人体解剖、画家必须了解到的东西进行了记录：

"画家必须了解人体的内部构造。了解了肌肉，就能了解当肢体活动时，有哪些筋腱是它活动的原因，数目有多少；哪块肌肉的膨胀造成筋腱收缩；哪几条筋腱化成细薄的软骨，将肌肉包裹。这样，他才能借助笔下人物的各种不同姿态，表现出不同的肌肉。"

以前的画家在画《最后的晚餐》这幅作品时，都是将犹大放在画的一边，将其他人放到另一边，这样画面就处理得很生硬机械，很难体现出犹大作为隐藏在信徒中的叛徒阴暗的灵魂。

因此在构思时，达·芬奇打破了这一传统画法，将这12个门徒进行了重新组合，既要体现出个性特征，又要注意整体的和谐与场面的戏剧性。

经过一番认真观察和思考，达·芬奇的大脑中已经逐渐浮现出绘好的壁画，那是一片像巨大的珐琅一样的壁画，闪闪发光，亮可鉴人。

（三）

在构思基本完成后，达·芬奇便开始为动手绘制做准备了。为了让画面更有光感，他自己亲手配制油漆，一次次改变配方，一次次涂在墙壁上做试验。

达·芬奇想配制出一种能发光的油漆，因此他在彩色颜料中添加了不同成分的油脂，以达到发光的效果。最终经过多次试验，他终于成功地配制出能够发光的油彩。

做好准备后，达·芬奇便正式动手画画了。一大早，他就急匆匆地赶到修道院食堂，然后爬上脚手架开始工作。不过，开始阶段他画得很慢，一丝不苟。此刻，他的心中充满了对艺术的崇敬，他的敏锐的眼睛也很善于发现作品中存在的不足，而他那善于形成新思想、新构思的大脑也不断产生新的想法，因此开始的画需要常常进行修改，这些特点让他开始时画得相当不顺利。

此后每天天刚刚亮，达·芬奇就会叩响修道院的大门。打着哈欠的修道士为他打开大门，把他迎进食堂。

随后，他开始爬上爬下地作画，几乎不停，直到天黑。有时如果不是修道士把饭送到他面前，他常常会忘记吃饭。

不过有时候，他又会接连几天甚至一个星期都不动一下笔，只是每天站在画前，忽而趋前、忽而退后地凝视着画上的人物，或者又着手仁立着，仔细观察几个小时，构思下一步应该从哪里下笔。

还有许多次，他正在家里的工作室忙活着，忽然头脑中闪现出一个念头，便快速地把一项刚刚开始的工作扔在一边，然后兴冲冲地奔向修道院，攀上脚手架，在墙壁的画面上画个两三笔，然后又走了……

达·芬奇每天这样断断续续地、缓慢地创作，引起了别人的非议：

"列奥纳多·达·芬奇，那个佛罗伦萨人，他的天才是多方面的，这是实情。可是他又太有个性了，总是着手做很多事情，但从来都是有始无终。他现在正在着手修道院里的大型壁画《最后的晚餐》，你们看吧，他是完不成的！"

与此同时，达·芬奇的这种做法也引起了修道院院长的不满。他跑到公爵那里，说达·芬奇总是故意怠工。公爵很生气，就把达·芬奇叫来质问。

达·芬奇听后觉得很可笑，也很气愤。他回答说：

"有天赋的人，当他们工作得最少的时候，其实是他们工作得最多的时候。因为他们在构思，并在把心中的想法酝酿成熟。这些想法随后就会通过他们的手表达出来。"

说到这里，达·芬奇顿了顿，然后看着修道院长，接着说道：

"殿下，我现在还有两个头像没有画好，一个是救世主耶稣，他那神圣而美丽的仪容，需要我去发现人间最美和最崇高的模特；另一个就是叛徒犹大的头像，这个头像要到人群中寻找一个背信弃义和惨无人道的真正化身，这并不是件容易的事。如果万一找不到更合适的，我想借用一下这位高尚的院长的头。"

公爵听后大笑不止，把在场的院长弄得十分尴尬。他气冲冲地走了，以后再也不告达·芬奇的状了。

（四）

经过不懈的努力，1498年的春天，这幅长9.01米、宽4.2米的大型壁画《最后的晚餐》终于完成了。

与达·芬奇其他的作品一样，《最后的晚餐》以几何图形为基础设计画面，因为他崇尚数学中的对称之美。

在画面中，一张长条桌子，上面铺了一块像犹太祈祷者的披巾一样，绣着蓝色花纹的白台布。桌子的后面有三扇窗户，光线从中间那扇窗户中射进屋里，照在背对窗户坐在餐桌旁的耶稣身上。耶稣的嘴微张，一脸痛苦的表情。他刚刚说出那句令他痛苦不堪的话：

"在你们中间，有一个人出卖了我。"

他用忧郁的目光注视着12个弟子们。12个弟子每6个人一组，又3个人分成一小组，分坐在长桌的两侧。他们面部表情各异，鲜明地反映出他们听完耶稣这句话后的心理活动。年长的詹姆斯吃惊地张大了嘴，仿佛在重复着耶稣的话；那个永远抱怀疑态度的汤玛斯竖起了食指，好像在提问；菲利普双手交叉在胸前，眼里噙满了泪水，既感到痛苦又感到吃惊、委屈，他想为自己和同伴们辩解；约翰双手握在一起，带着愤怒和无助的绝望神情望着桌上的每一个人，想要分辨出谁是真正的叛徒；敢说敢为的彼得愤怒地从座位上站起来，手里攥着一把闪闪发光的刀，想揪出叛徒和他拼个死活；马太伸出双臂，仿佛在大声疾呼：

"不！我们绝不可能让这种事发生！"

而真正的叛徒犹大则躲在角落里，身体尽力后缩，似乎怕被人辨认出来一样，脸上带着一丝几乎觉察不到的畏怯和恐惧，躲躲闪闪地不敢正视耶稣的目光，这暴露出他的真实身份和罪恶举动。

这幅作品迷倒了每一位前来观看的观众，人们久久地静立在壁画前，观看着画中每一位人物的细腻、丰富和变化的表情，不住地点头称赞。

有人曾给予《最后的晚餐》这样的评价：

"它让科学与艺术成了婚，而哲学又在这种完美的结合上留下了亲吻。"

可惜的是，壁画在完成后一年就开始出现裂纹和剥落，几年以后就失去了原来的那种光彩夺目和鲜艳绚丽。这是因为达·芬奇在颜料中兑入了油脂的缘故。

为了能保存下这幅壁画，不断有画家对这幅画的画面进行修补，但这些修补粗糙难看，有的已经大大损坏了原作的神韵。如果达·芬奇看到它，一定会感到伤心的。

而且不久以后，修道院的修道士们在壁画上开了一道门，进一步破坏了这幅伟大的作品。

尽管如此，《最后的晚餐》还是给达·芬奇带来了巨大的荣誉和极大的成功。至此，他在米兰声名大噪。

第十章　惜别米兰

水若停滞即失其纯洁，心不活动精气立消。

——达·芬奇

（一）

绘制《最后的晚餐》耗费了达·芬奇许多精力，3年来，他老了许多。更糟糕的是，由于宫中没有庆典活动，达·芬奇开始忧心忡忡，不知道明天在哪里。他好像一下子失去了活力和朝气。

同时，政局也开始变得不稳定起来，据说法国军队就要打来了，以便收复本该属于法国的米兰公国。达·芬奇的眉头皱得更紧了：要是法国军队打来了，他该怎么办？

他站起来，走到隔壁书房的壁炉旁，从壁炉处抽出一块砖，掏出一个小木匣子。那里面是他攒下的钱。他打开匣子，把钱都倒出来，仔细地数了一遍，发现里面只有218里拉！他沮丧地把钱放回匣子，又小心地把匣子放回去，然后叹了一口气，坐在写字台边，在笔记本上写下了这样一句伤心的话：

"今天是1499年4月1日，我发现本人仅有218个里拉。"

写到这里，达·芬奇感到很不公平。他发泄一般地小声咕哝着，历数着自己为米兰宫廷所做的贡献：组织了几百场芭蕾舞会、化装舞会，画了名画《最后的晚餐》，还用黏土雕塑了斯弗查的坐骑！为他们做这么多事，每个月才只有几弗洛林币，而且还常常不发！

达·芬奇粗略地算了算，宫廷已经足足有两年没有给他发工资了，这简直就是敲诈勒索！必须把钱要回来。

于是，达·芬奇决定写信给米兰公爵，把那些拖欠的工资要回来，他总得为自己以后的生活打算一下。

他坐回桌边，开始动手写信。写好后，他又读了一遍，不太满意信中那种乞求似的语气，这封信应该带一点强硬的口气才行，既要表现出自己的不满，又要让公爵意识到自己所受到的不公正的待遇，但还不能流露出谴责的意味。

于是，达·芬奇又重新提笔，写了这样一封颇费心计的信：

殿下：

深知殿下公务繁忙，谨请您注意一下我的一件小事。我曾经很高兴地为您创作了不朽的作品，同时，我也应该得到应有的报酬。我很愿意为您效劳，随时听从您的召唤……

但是，殿下，如您所知，我的薪水已经有两年未付了……这里，我就不提雕塑马像的事情了……

写完后，达·芬奇把信装入一个华丽的信封中，然后起身，穿上他那件漂亮的紫色外套，出门去见宫廷总管。

（二）

　　总管热情地迎接达·芬奇的来访，然后接过达·芬奇递过来的信。

　　"列奥纳多先生，又有什么事要求公爵啊？"总管有些讥讽地说，"你绘画可没有写信勤啊！如果绘画能这么勤的话，你就不用总写信了！"

　　然后，他戴上眼镜，拿出信阅读起来。

　　"你说得很对，"总管把信放下，抬头微笑着望着达·芬奇说，"的确是欠了两年的薪水，我很难过。可是，如今法军就要入侵了，立即着手制造兵器抵御法军入侵才是大事，所以，宫廷中的每个人都应该做出一点牺牲。像我，也有很长时间没领到薪水了。"

　　总管顿了顿，目光一下子变得严厉起来，说：

　　"当然，你如果感到不满意，也可以随时离开宫廷。"

　　这句话让达·芬奇感到惊慌失措，一时不知说什么好了，竟怔在了一旁。

　　总管见状，露出了狡黠的微笑，说：

　　"不过，宫里还是有些小事会让你做的，做了之后还是要发薪水的。"

　　达·芬奇这才松了一口气，急忙表示愿意继续为宫廷效劳。

　　几天后，宫廷主管派给达·芬奇一项工作：为宫廷修建一条可以洗热水澡的水管。

　　达·芬奇非常不满，自己是一个发明家，一个伟大的艺术家，怎么能做这种粗活杂活呢？

　　总管笑眯眯地拍着达·芬奇的肩膀说：

　　"这种活儿正是你这种发明家干的，你可以把宫中的热水管道铺成意大利一流的，你可以的！"

为了能继续在宫中生活下去，达·芬奇别无选择。总管冷冷的目光告诉他：要么接受，要么就滚出宫廷！

达·芬奇垂头丧气地回到自己的住所，去构思那该死的热水管道。

这天，达·芬奇正在书桌前勾勾画画，设计管道图，仆人来通知他，说公爵要见他。达·芬奇赶紧到宫中去拜见公爵。

原来，宫廷主管将达·芬奇的那封信交给了公爵，公爵有些不满，就把达·芬奇叫到宫中，但并没有斥责他，只是反驳了达·芬奇关于雕像的申诉：

"你关于雕像的说法是不确切的，因为是你没有如约完成它。如今，它还只是一匹落满尘土的泥马，你怎么好意思跟我要薪水呢？"

不过，此时的米兰公爵正面临内忧外患的困扰，已经不那么容易发怒了。他向达·芬奇谈起了法国军队的动向，分析了米兰现在所面临的形势：宫殿有两道城壕，16个城门都加固了，而且都有吊桥，城墙上也有大炮，城内有足够的粮食。

"不过，"公爵略显忧虑地说，"城墙厚度还是不够，如果能再加固一下，让它固若金汤就好了。"

这时，达·芬奇觉得自己说话的时候到了。他谦恭地上前施礼，然后说："公爵大人，城墙是可以加厚的。如果您把这个任务交给我，我保证，我会用自己的军事才能来改变米兰宫殿城墙的防御能力。"

公爵非常高兴，当即又任命达·芬奇为国防工程师，负责宫殿城墙的加厚防御工作。

于是，达·芬奇又满怀感激和希望地离开了宫廷。

不过，当他到城上巡视一圈，提出加厚城墙的计划后，公爵却并没有批准，因为耗费钱财太多了，现在的宫廷正处于财政危机的时刻。无奈，达·芬奇只好再次回去研究他的热水管道工程。

（三）

1499年8月，法军大举入侵米兰。这时，达·芬奇已经设计出热水铺设管道了，他还亲自监督工人挖掘地面坑道，看着工人放置管道。作为宫廷中的一名工匠，他实实在在地履行了自己的职责。

然而，法军进入米兰之后，达·芬奇的工程也不得不半途而废。

8月31日，米兰公爵泪如雨下地骑着马离开王宫。临行前，他将王宫的钥匙交给了警备司令官。警备司令官跪在地上接过钥匙，泪眼汪汪地宣誓：誓与城池共存亡，战斗到流尽最后一滴血。

9月2日，法军占领了米兰。一周后，警备司令官派人到法军司令部，说只要给他3万弗洛林币，他就打开宫殿的16座大门，放下吊桥，全体出动欢迎法军。

第二天，斯弗查宫城门大开，吊桥放下，司令官率领着全体军队列队在宫殿两旁，士兵们行着军礼，欢迎法军入城。

一个月后，法国国王路易七世骑着装饰华丽的高头大马，佩着雪亮的指挥刀，穿着鲜红的配以金黄绶带的军服，英姿勃勃地驶入了米兰城。

路易七世对米兰宽敞的街道、宏伟的教堂及贵族们的豪宅华府赞叹不已。当他步入修道士食堂时，一下子就被墙壁上那副闪闪发光的壁画《最后的晚餐》所吸引了。他当即召见了这幅画的作者达·芬奇。

达·芬奇诚惶诚恐地来了，向路易七世行了三次屈膝礼，优雅地拜见了法国国王。

经过交谈，达·芬奇发现，法国人比意大利人更赏识他的才华。所以，达·芬奇便接受了新任命的法国总督委派给他的新工作。

同时，达·芬奇拜访了法国的一位公爵切萨尔·波尔加，前罗马教皇亚历山大之子。24岁的波尔加十分赏识达·芬奇的军事才能，邀请他在适当的时候为自己的军队服务。

眼看自己的生活又有了着落，达·芬奇感到很高兴。结果这年的12月，米兰公爵又率领一支强大的德国瑞士雇佣军打回了意大利。

米兰的一切马上又变了，米兰人开始反对法国和法国军队。法国军队在意大利待不下去了，只好把在米兰抢来的珠宝财物装上车，准备撤退，返回法国。

这一形势的发展让达·芬奇感到惶惑不安。米兰公爵以前对他不错，而现在他却和法国人相处融洽。米兰公爵知道后，一定不会原谅他的。

无奈之下，干脆三十六计走为上，在米兰公爵回到米兰之前，离开米兰。

12月31日，米兰的天空一片阴暗，白雪纷飞，达·芬奇带着他收养的一个男孩，和一个修道士兼数学教授的朋友鲁戈，一行三人出了城门，离开了他生活了17年的米兰，离开了他曾为之心驰神往，同时又给他提供了舒适生活的斯弗查宫，结束了被米兰公爵保护的安定舒适的寄人篱下的食客生活。

这17年当中，达·芬奇虽然画作不多，但却是他艺术上的一个全盛时期。在这期间，他完成了杰作《岩间圣母》；制作了斯弗查骑马的雕像，虽然未能最后完成，但也是一个创举；1484年，米兰发生瘟疫，无数人死亡，达·芬奇提出修建地下水道，净化饮水；还完成了名作油画《抚貂的女人》。

此外，他还设计了大量的宫廷服装，如米兰公爵婚礼服装，以及一些其他的装饰品，包括马具装饰等；还创作了板面油画《音乐家像》《女生雕像》《哺乳圣母》等。

同时，他还系统地研究了解剖学、光影学、透视学等，写下不少关于透视学、画家守则及人体运动方面的笔记。

而标志着达·芬奇在这一期间最为辉煌艺术成就的，就是他所创作的壁画《最后的晚餐》。

所以，到1499年法国入侵米兰时，达·芬奇在米兰生活的这段时间被称为"第一米兰时期"。此后的19年间，达·芬奇多半时间都处于漂泊不定的流浪状态。

我们平时写字都是按照从左到右的顺序进行的，但达·芬奇的很多文章都是按从右向左的顺序写的，这就是所谓的"倒写"。有人推辞，这可能是达·芬奇为了挫败文艺复兴时期盲目跟风者抄袭其笔记而想出的策略。但无论动机是什么，达·芬奇本人肯定比较喜欢这种写法，因为他的大部分手稿都是倒写而成的。

第十一章　重返佛罗伦萨的苦闷

太阳升得越高，它所投放到屋顶上的光越暗。

——达·芬奇

（一）

1500年，达·芬奇一行人离开了米兰，向曼图亚方向行进。

曼图亚位于通向亚得里亚海的一条大河河畔，这条名为波河的河流发源于阿尔卑斯山，带有阿尔卑斯山的雪水流向意大利，在意大利南部波河平原上滋润着意大利，滋润着曼图亚城，然后流入亚得里亚海。

三人来到曼图亚城下，数学家鲁戈向达·芬奇告别，因为他要到威尼斯给自己和达·芬奇寻找一个安身之处。当时，威尼斯正与土耳其人打仗，他此行不太有把握，因此想先一个人前去打探一下情况。

于是，达·芬奇先去曼图亚，在那里等候数学家的消息。

曼图亚公爵夫人是米兰公爵夫人的妹妹，她早就从姐姐那里听说过达·芬奇。她也曾几次去过斯弗查宫参加各种庆典和化装舞会，也见过担任司仪官的达·芬奇。

这一次，达·芬奇就是奔着她来曼图亚的。

不过，曼图亚公爵夫人不想免费招待这位不速之客，但同时又很喜欢达·芬奇画的画，因此，她每天都把达·芬奇召到宫里给她画像。

达·芬奇一心等着朋友的来信，根本无心给人画像。曼图亚公爵夫人就威胁他说：如果达·芬奇不给她画像，她就不允许达·芬奇离开曼图亚。无奈之下，达·芬奇只好答应为公爵夫人画一张小型的侧面像。

在曼图亚的一个多月中，达·芬奇焦急地等待着数学家朋友的来信。在这焦灼的等待中，他也完成了公爵夫人的画像。这幅画像上的公爵夫人妩媚动人，侧影充分显示了她轮廓分明的意大利脸庞。公爵夫人很满意，厚厚地酬谢了达·芬奇。

数学家的信终于来了，他寄来的是威尼斯当局的邀请信。信中说，威尼斯在和土耳其的交战中处于不利地位，内交外困。在数学家对达·芬奇进行一番吹嘘后，威尼斯统治者十分高兴，决定邀请这位天才的军事防御家、天才的武器家、伟大的艺术家前往威尼斯商讨退兵之计。

看完信后，达·芬奇立即动身前往威尼斯。

2月的意大利，阴雨绵绵，道路泥泞不堪，马常常会陷入泥泞中拔不出蹄子，达·芬奇不得不从马背上跳下来，拉着马在泥泞中行走。有时候，他还会在纵横交错的路上走错路，弄不清正确的方向。

尽管路途遥远而艰难，但达·芬奇还是坚持快马加鞭，早起晚停，希望能尽快到达威尼斯，去那里寻找他的美好前途，让他发明的那些军事武器机械真正发挥作用。

他一辈子都在发明着各种机械和武器装备等，不就是想让它们在改变世界的进程中发挥作用吗？

经过3个星期的艰难跋涉，达·芬奇终于来到了美丽的威尼斯。

（二）

　　威尼斯由一群小岛组成，是一座"海中之城"。从圣马克广场的钟楼上看，一小团一小团小岛在绿色的波涛中荡漾，形成了几百条河道，由几百座小桥连接。圣马克教堂与圣马克广场、钟楼是当时威尼斯的中心。

　　圣马克教堂的宏伟壮丽让达·芬奇惊叹不已。教堂的右侧是钟楼，高90多米，是威尼斯最高的建筑物。每天，这里晨祷的钟声都响彻威尼斯，回荡在威尼斯上空，唤醒这所城市中的每一个市民。

　　教堂的左边是威尼斯公爵府，面对着一条运河。这所公爵府建立于9世纪，后来又经过多次重建，全都是哥特式建筑，分为三层。下面的两层由尖拱门和无数的柱子组成，最下层的拱门简单疏阔，上一层则要繁密得多。墙壁上是白色与玫瑰红色的大理石组成的方形花纹，在日光里显得艳丽至极。

　　从运河上看，这所房子就好像盖在水上一样，下两层为架子，上一层才是房屋。

　　达·芬奇仔细地观看了好久，掏出不离身的笔记本，写下了这样一句由衷的赞叹：

　　"我从没有见过如此美丽的城市。"

　　威尼斯人热烈欢迎达·芬奇这个天才的到来。此后，达·芬奇就住在威尼斯公爵的府中，专门从事研究工作。

　　他写了一篇文章，详细地描绘了自己所设计的新式装备——一套可以潜入水中4个小时而将敌舰上钻几个洞使之沉没的"潜水衣"，这种"衣服"的面部有个玻璃罩，有根像象鼻子一样的管状物，连着一个充满气体的羊膀胱；衣服里还有一个供"小便使用的容器"。

经过多天的潜心研究，达·芬奇拿出了一套"潜水衣"让士兵下水试验。结果，"潜水衣"的羊膀胱中容不下太多的气体，士兵不一会儿就在水里憋得面部青紫，不得不浮上水面来呼吸空气。

一次又一次的实验都失败了。土耳其的军舰还停泊在海湾，觊觎着美丽富饶的威尼斯城。

威尼斯统治者对这位天才的军事家十分失望，有人甚至扬言要将他投入牢狱之中。达·芬奇十分害怕和沮丧。

3月的一天夜晚，达·芬奇趁着夜幕偷偷地离开了威尼斯。可是，能到哪里去呢？没有人能回答他这个问题。

达·芬奇举目无亲，四海无家，只有生他养他的故乡佛罗伦萨能给他提供一个住所。于是，达·芬奇决定返回故乡佛罗伦萨去寻找出路。

（三）

经过一个多月的奔波，1500年4月，达·芬奇回到故乡。

17年的变迁，故城已非旧模样，昔日的楼宅不见了，在威斯巴西阿诺先生的小酒馆原址上，盖起了一座银行事务所。以前，就是在这座小酒馆里，曾经多么骄傲地陈列过一堆堆的绘画创作书籍，以及一包包古人的手稿。

现在，这一切都不复存在了。佛罗伦萨已经没有了昔日的繁华和热闹，统治者们的争权夺利早已刺伤了当地人民那颗热爱艺术的欢快之心。

达·芬奇在佛罗伦萨街边租下一间小画室。为了节约开支，他尽量省吃俭用，希望能得到装饰城里或某个修道院的订货。此刻，达·芬奇又把多半的心思都放在科学探索之上了。

于是，在他那间拥挤破旧的屋子里，又出现了曲颈瓶、蒸馏管、熔铁炉等等。在桌子上，仍然摆着画满了平面图和数学公式的笔记。

在这种杂乱无章的环境中，达·芬奇感到自己的思绪也有些混乱。他想再回芬奇镇去看望一下父亲。

到了芬奇镇那所古老破旧的住宅，达·芬奇看到了已是白发苍苍、年迈体衰的父亲。父亲皮埃罗先生很高兴儿子能回来看他，但言语中又显示出对家事烦扰的无奈。他说：

"列奥纳多，你当年的老师，维罗奇奥先生，已经去世了。如果他还在的话，或许能给你出点好主意。"

这时，他那易怒、穿着马虎的后妈来到桌前，粗鲁地向她的孩子们和仆人吼叫着。达·芬奇非常惊讶，自己怎么能有这么多的弟弟妹妹？他根本就叫不上他们的名字。

这时，父亲又接着说道：

"孩子，你看到了，我们在怎样过日子。如果你想听我给你一些劝告……我现在能给你什么劝告呢？你还是自己好自为之吧……"

这是，后妈又朝着父亲大吼起来。达·芬奇感到有些窒息，心想：

"这样的家庭，对于我还有什么意义？"

于是，他又心情沉重而失望地离开了芬奇镇。

返回佛罗伦萨后，达·芬奇就接到了几件小宗订货：给一个商人墓地上的小礼堂画一幅小的圣母像。同时，又为一幅新的大幅画完成了准备性的素描等。

在佛罗伦萨，达·芬奇就这样落魄地度过了近两年的时间。1502年3月，在米兰沦陷时达·芬奇结识的法国公爵切萨尔·波尔加给他写来一封信，盛情邀请他到意大利的皮昂比诺担任军事工程师。

这封信又一次燃起了达·芬奇的希望之火。在威尼斯期间的失败并没有挫伤达·芬奇从事军事发明创造的热情和信心。只要有机会，他就一定会以自己的军事发明天赋而闻名于世，他对自己的军事才能一直都深信不疑。

达·芬奇立即处理了佛罗伦萨的事情，然后再一次出发，前往意大利东海岸的海滨小城皮昂比诺。

皮昂比诺面临利古里亚海，隔着科西嘉海峡与科西嘉岛遥遥相望。城市很小，但却有很多沼泽地。波尔加在这里驻军，他想扩大城区的建筑，可是沼泽地限制了城市的发展。于是，他就想让达·芬奇来解决这个问题：抽干沼泽地的水。

这是达·芬奇从来都没有研究过的问题，不过倒也难不倒他。他很快就设计出两套复杂的通往运河的渠道网，只要将沼泽地中的水都引向运河，就能让这些水经过运河流入大海。

波尔加很赞成达·芬奇的这个方案，他仔细地一遍遍研究着达·芬奇送来的设计图，图下面写着：

"这就是抽干皮昂比诺沼泽地全部水的方法。"

（四）

工程很快就开始了，达·芬奇在工地上监督着士兵们按照他的设计方案挖掘沟渠。虽然天已渐渐热起来，但达·芬奇丝毫不觉得辛苦，此时他正热情高涨地实现他作为军事工程师的宏图大略。

在工地上，达·芬奇度过了他的50岁生日。虽然为年过半百而感到一些悲哀，但他还是雄心勃勃地想要一展宏图。

可工程刚开始不久，波尔加就给了达·芬奇新的任务，命令他马上赶往160多千米以外的阿雷佐去，因为波尔加要求他的军事工程师跟随部队一起提供及时的服务。

达·芬奇只好又离开皮昂比诺前往阿雷佐。50岁的他很快就被颠簸得苦不堪言，一路上烈日暴晒，暴雨倾盆，等到达阿雷佐后，达·芬奇已经被折腾成一个胡须蓬乱、又黑又瘦的流浪汉了。

波尔加公爵需要一张佛罗伦萨的地图，达·芬奇对佛罗伦萨可谓了如指掌，他很快就精确地画出了佛罗伦萨市内的每一条街道和主要建筑物。

不久，波尔加的部队与叛军展开斗争，一队忠于佛罗伦萨市政议会的将士坚守在阿雷佐的一个坚固的堡垒中，波尔加久攻不下。于是，他命令军事工程师达·芬奇马上发明出一种炸毁堡垒的工具，帮他攻下这座坚固的堡垒。

达·芬奇马上接受了命令，再一次夜以继日地开始研究设计。几天后，他想出了一种炸药的配方。可当炸药的配方配好后，却无法引爆它，谁也不愿意到炸药的旁边去点燃它，害怕被炸死。而各种绳索、引火捻等又无法使炸药爆炸。

在两个星期里，达·芬奇反复试验了100多次爆破，都不能成功。堡垒还屹立在阿雷佐，与波尔加的军队对抗着。

结果一个月后，堡垒的炎热和缺水少食令军队无法继续驻守，堡垒里的军队投降了，这才让达·芬奇解脱了困境。

不久，部队向佛罗伦萨方向进军，达·芬奇作为部队中的一员也不得不随部队行军。这让这位50岁的老人再次叫苦不迭，可又毫无办法。

为什么要当军事工程师呢？这么苦，这么累，这么残酷而不人道，真愚蠢！

跟随部队行军过程中，达·芬奇不断地这样咒骂着自己。

虽然后悔，但别无选择。歇息片刻后，他还是要沿着崎岖的山路，佝偻着身体奋力前行。山上的要塞里，波尔加公爵正在等着他，也许又要委他以重任呢！想到这里，达·芬奇感到身上又增添了力气。

半夜时分，达·芬奇终于迈进了要塞的大门，波尔加公爵正站在要塞的大门外迎接他，这让达·芬奇好一阵感动。

这一次，波尔加公爵告诉达·芬奇，他的部队正在向佛罗伦萨挺进，他想在新都建一座宏伟的宫殿，意大利的乌尔比诺宫殿就是他未来宫殿的样板。他希望达·芬奇能弄清这座宫殿的特点，然后把它画下来。

达·芬奇不敢怠慢，马上又投入到工作之中。在乌尔比诺宫殿中，他参观了300多个房间，丈量了主要房间的尺寸比例，又将其风格特点一一画下来，仔细地研究它们的布局，将一些精美的大理石柱及雕饰花纹都细心地描绘在笔记本上。

参观完成后，一些新的构思也在达·芬奇的脑海中产生了。他将那些稍纵即逝的想法和构思都勾勒出来。在他的笔记本上，还保存着他设计的一座精美的鸽子棚，画上注明：

"1502年7月30日，乌尔比诺的鸽子棚。"

秋天，达·芬奇开始同波尔加一起研究新宫殿的设计方案。

冬天很快就来了，可波尔加对达·芬奇的设计一直都不满意，总是盛气凌人地命令他这样或那样，达·芬奇开始感到厌倦了。他那缺乏长性和耐心的脾气让他一天都不想再在军队里待下去，奔波、劳累、命令、服从，毫无个人的自由，这一切让他备受折磨，他再也不想这样每天漂泊不定地随军队东奔西跑了。

达·芬奇想回佛罗伦萨去，而且去意已决。

转眼一年就过去了，1503年2月，达·芬奇向波尔多公爵告别，准备返回佛罗伦萨。虽然波尔多公爵一再挽留，但达·芬奇这一次丝毫不为所动。

就这样，达·芬奇结束了他的军事工程师的生活。虽然短暂，但他也算是实现了多年来的梦想与追求。在他以后的岁月里，他再也不从事军事方面的发明研究了。

第十二章 《安吉亚利之战》

对某事物的爱好产生于对该事物的理解，理解越透彻，爱得越炽热。

——达·芬奇

（一）

1503年3月3日，阴沉的飘着小雨的天空使佛罗伦萨这座繁华的城市显得有些死气沉沉。

同上个世纪中期相比，刚刚进入16世纪的佛罗伦萨的确有些衰退。在佛罗伦萨的黄金时代，阿尔诺河两侧的大型企业全部处于开工状态，全世界都穿着圣马蒂诺服装。佛罗伦萨还有数不清的大教堂，有114个修道院，有许多银行和高大宏伟的官邸豪宅。纺织作坊里不时地传来此起彼伏的织布机声。而现在，织布机声显然少了很多，许多作坊都关门了。

近年来，佛罗伦萨发生了一连串的变故，令佛罗伦萨人哀伤和痛苦，抢劫、政变、反叛教士的执政与被处决，还有法军占领后又撤出，都给佛罗伦萨人的心头抹上了阴影。而政局不稳导致的纺织业衰退，更加直接地影响了城市的繁荣。

这一天，达·芬奇再一次回到佛罗伦萨。幸运的是，这一次回来他才知道，佛罗伦萨人已经以他为骄傲了，因为他的画作《最后的晚餐》在这里变得家喻户晓。在大家的眼中，他已经是个大名鼎鼎的画家了。

刚刚安顿下来，佛罗伦萨市政厅便找到达·芬奇，邀请他在韦奇奥宫"五百人"会议厅的墙壁上创作一幅可资纪念的战役图。他们指定达·芬奇画"安吉亚利之战"。

后来，市政厅又别出心裁地聘请到另外一位艺术家，在达·芬奇所创作的壁画对面墙壁上创作"卡萨之战"。这个人就是刚刚完成他在美术史上具有纪念碑意义的雕塑作品"大卫像"的米开朗基罗。

安吉亚利之战爆发于1440年，是佛罗伦萨贵族与伦巴第贵族之间爆发的一场战争。战争的结果是佛罗伦萨人获得胜利，伦巴第人被彻底打败。

卡萨之战爆发于1364年，是佛罗伦萨人与比萨人的战争，结果也是佛罗伦萨人取得胜利。

两位艺术巨匠在故乡以相同题材展开壁画竞赛，这一事件被载入美术史册，成为千古佳话。

米开朗基罗出身于色金雅诺附近采石场的一个普通石匠家庭中。他性格急躁、尖刻、执拗，常常显得很粗鲁；相比之下，达·芬奇生性沉稳、冷静而善于思考。两个人彼此之间都不太买账，因此，佛罗伦萨人都想看看他们谁画得更出色。

达·芬奇喜欢兵器，一直都想成为一名军械发明家，可他又从骨子里仇恨战争，认为战争是残酷的、不人道的。他在自己的笔记中称：战争是"最残酷的蠢事"。

因此，要让他画一幅画来再现佛罗伦萨在安吉亚利战役中取得胜利以示炫耀时，他想到的是：没有荣耀，只有残酷。他要用自己的画笔画出一场激烈战役的残酷，以警醒那些小公国的统治者们少发动这种战争。

于是，达·芬奇着手画了速写草图。经过长时间的构思和无数次准备草图后，他决定描绘战争中最紧张，也是最残酷的时刻——争夺军旗的战斗场面。

（二）

在达·芬奇这幅画的画面中心，是4个骑士为了争夺一面军旗而残酷地厮杀。长旗杆已经被折断，旗面也被撕破，但仍在一截断杆的尖头招展。5只手都紧紧地抓住旗杆拼命抢夺；另一些手则挥舞着刀剑，在空中互相砍杀。马上的骑士张着大口，脸孔就像他们的黄铜胸甲上的神话怪物嘴脸一样凶狠残暴，眼中迸发出怒火，一个个张牙舞爪，如同凶兽一样互相撕咬。在马蹄下的血泊中，是一个人正揪着另一个人的头发，把他的脑袋往地上死命地撞击……

战争中扬起的硝烟，战士极度痛苦而扭曲变形的脸，交错在一起的伤员马匹，射向四方的枪林弹雨，追击者向后飘起的头发，马驮着骑士穿过陡滑而血迹斑斑的路，破盔破甲，残肢断剑，从伤口中汩汩冒出的鲜血，被杀死的士兵奇怪的姿态，恐惧的眼睛，绝望的表情……

在这些速写中，达·芬奇所表现的是"最野蛮、最愚蠢行为"的战争场景，揭露了战争中人的"兽性的疯狂"。画面上处于殊死搏斗中扭曲在一起的人体，彼此撕咬惊恐狂怒的战马，刀光剑影中撕烂的军旗和折断的旗杆，以及因相互厮杀而变形的人物脸孔，都鲜明生动地表现了这一主题，令人惊心动魄，非常具有感染力。

在这些素材中，达·芬奇描绘了人类的激情，以及在战斗时刻突然进发出来的毫无掩饰的真实情感。他对助手说：

"如果你画一个跌倒的人，那么就要看得出他是顺着变成血污的灰尘滑倒过去的。如果胜利者向前冲去，那么他们的头发和别的轻盈的东西就应该被风吹起，眉头应该紧皱。所有相应的部分都应该与之相互配合，被战胜的人应该面色苍白，眉毛应该稍稍扬起，额头上布满了皱纹，鼻子上也应布满横向的皱纹。"

仅仅是速写草图，达·芬奇就用了近两年的时间。他所构思的这幅画的画面十分庞大，内容也极其丰富，人物众多，含义深远。他努力画出所有丰富的细节微部，可他的头脑中却无论如何也形不成完整和谐的画面。这幅画让他感到有些力不从心。

"人类的艺术胜任不了描绘人类残酷的工作，"达·芬奇悲哀地想，"即使是像我这样的绘画天才，也无法描绘出这场大战役的残酷。"

与此同时，米开朗基罗也不示弱。为了赶上他的对手，他也急忙准备草图素材，画他的那幅《卡萨之战》。对于米开朗基罗这样的大家来说，这并不是件困难的事。

米开朗基罗从佛罗伦萨与比萨人作战中选取了一段故事。在夏季的一天，佛罗伦萨兵士在阿尔诺河洗浴，忽然警报声响起，比萨人攻来了。兵士们听到警报声后，急忙泅向岸边，准备投入战斗……

（三）

与达·芬奇相反，米开朗基罗没有描绘最激烈的战争时刻，也没有把战争视为毫无意义的互相残杀，认为战争是"一切蠢事之中最兽性的"，而是描绘了战斗即将开始的时刻。画面上在阿尔诺河上洗澡的士兵从水中爬出来，急急忙忙穿衣准备应战，有的在岸上伸手拽水中的人，有的拼命往岸上爬。穿衣甲的，拿武器的，还有赤身裸体赶忙去应战的……各种各样的动作、姿态和表情，表达出一种紧张、匆忙却振奋、高涨的士气。

同时，米开朗基罗还在画中运用了雄健、强壮的男性裸体，表现出一种豪迈、慷慨、令人振奋的英雄主义气概。在他的作品中，显示出一种强烈的英雄主义主题。

对于这场较量，佛罗伦萨人都在十分留心地关注着。但由于与政治无关的一切事情，佛罗伦萨人都觉得平淡无味，所以当达·芬奇和米开朗基罗的草图刚刚完成时，他们就迫不及待地宣布：米开朗基罗是代表共和国反对美第奇家族的，达·芬奇则是代表美第奇家族反对共和国的。于是，一场绘画竞争变成了一场政治斗争，而且具有了新的争论点。

很快，斗争就蔓延到大街和广场上来了，连那些对艺术毫无兴趣的人都纷纷参与进来。达·芬奇和米开朗基罗的作品也成了敌对双方的战旗。

斗争持续发展，乃至有人夜里拿石头去投掷米开朗基罗的"大卫像"，没人知道到底是谁投掷的。贵族说是平民干的，平民领袖说是贵族干的，有人还称是达·芬奇收买的流氓干的。

两个人的草图都完成了，应该转入正式绘制壁画了。但是，执政官却想把达·芬奇和米开朗基罗这两位大师完成的草图先行展示给佛罗伦萨人。

展出的消息很快就传遍了整个意大利，艺术家们纷纷从各个城市赶往佛罗伦萨，以便能够亲眼看到这两位大师所画的草图。

在展出时，年轻的佛罗伦萨执政官拉斐尔在韦奇奥宫出现了。他用惊喜的目光看着这两件作品。当他的老师比鲁琴诺问他，哪幅画的草图更让他满意时，这个青年人深深地沉思了。他那美丽、明朗，有着"太阳一般"表情的面孔被阴影遮住了。

沉思了片刻，拉斐尔看着比鲁琴诺老师的眼睛，热情地说道：

"这两个人的草图画我都喜欢，两个人，老师，请您相信！我这样说是完全发自内心的。如果我对列奥纳多·达·芬奇先生个人的美质表示尊敬，那么对米开朗基罗·迪·洛多维科就是不公正的，那会让我感到于心不忍。"

最终，两个人谁也没有成为失败者，他们的画都得到了认可。

接下来，两人就准备开始上壁完成绘画了。可是，达·芬奇在墙壁上绘画时却遇到了困难，因为他用的绘画颜料总是不能让他满意。于是，他又重新开始投入颜料的试验，试图寻找到更完美的颜料配方。但最终也没能成功。达·芬奇不得不放弃努力，让《安吉亚利之战》这幅画成为他众多梦想中的一个。不过，他的绘画草图却得以流传。

而米开朗基罗也没有开始他的壁画，1505年，他被教皇朱留士二世请到罗马去了。由于种种原因，他的绘画草图都没能保留下来。

第十三章 创作《蒙娜·丽莎》

微少的知识使人骄傲，丰富的知识使人谦虚。所以空心的禾穗高傲地仰头向天，而充实的禾穗则低头向着大地，向着它的母亲。

——达·芬奇

（一）

早在佛罗伦萨市政厅的壁画开始之前，达·芬奇就收到了备受尊敬的佛罗伦萨银行家弗朗切斯科·捷列·左贡多的信。信中以极其恭敬的态度邀请达·芬奇能到他的府上做客。

达·芬奇应邀前往。到了那里，他才知道这位以富有和因对社会慷慨资助而著名的银行家是要给他年轻的妻子蒙娜·丽莎·左贡多画一幅画像。当时，他的岳父也在场。

一番寒暄之后，达·芬奇说道：

"我很愿意接受这份工作。但是，如果可能的话，我想见见这位要画像的女子。"

没多久，一个年轻的女子轻轻地走进了书房。

她穿着华丽的连衣裙，梳着时髦的发誓，一绺绺卷发披散在双肩。

她的眉毛也按照时髦的样式修整过。她面色丰腴红润，双颊微红，弯弯的双眉下面，是两只不大、但却特别明亮的美目。她身材苗条，但那充分发育好的身体又显得丰满而美好。她的手上、脖颈上挂着很多珍贵的宝石。她的全身都充满了纯真和天然的情趣。

达·芬奇几乎惊呆了。

据考证，蒙娜·丽莎生于1479年，她的父亲是一个有钱的贵族。她在20多岁的时候成为佛罗伦萨银行家和皮商人佛朗切斯科·捷列·左贡多的第三任妻子。左贡多是个做事谨慎、干练的人，不很坏，也不算很好。他致力于他的职务和田产，不久还当上了首长。

左贡多将他年轻美貌的妻子视为他家中的一件最适宜的装饰品，对蒙娜·丽莎恩宠异常。但是，他却不是真正懂蒙娜·丽莎夫人的美丽的人，甚至懂得还不如他懂得西西里新种牛的优点或粗羊皮关税税率那般清楚。人们都说，蒙娜·丽莎并非为了爱才嫁给左贡多，而是屈从于父亲的命令。

蒙娜·丽莎恬静、谦逊，严谨遵守教会一切规则，并乐于施恩于穷人，会持家，忠实于她的丈夫，慈爱于她丈夫的前妻留下的一个12岁的女儿狄安诺拉。

见到蒙娜·丽莎的第一眼，达·芬奇就被她深深吸引了。

"她美吗？"达·芬奇在心里默默地问自己，同时又马上否定了。

"不，不算是美人。在佛罗伦萨，很多女子要比她美得多。可是，在她的身上，却有着美好的纯真和天然的情趣。"

这时，丽莎的父亲慈爱地介绍说：

"这就是我们的蒙娜·丽莎，我们都很渴望看到她的画像……"

丽莎的脸有些羞涩地红了。突然，微笑出现在她的脸上，并让她的脸发出亮光。这微笑当中既有腼腆，又含有调皮，好像青春的、失却了的调皮劲儿又回来了。并且，在她的灵魂深处，似乎还有什么难以猜测的东西……

达·芬奇呆呆地观察了一会儿，然后说：

"我同意工作。不过，我绘制的时间可能会长一些。另外，我还有一个必要的条件，就是这幅画像不在这里画，因为画这幅画像需要一点背景和气氛，必须到我的画室里才行，我那里有一切最合适的条件……我要坚持这一点。"

银行家同意了达·芬奇的要求。

不过达·芬奇发现，在自己说完这句话时，蒙娜·丽莎的脸上出现了忧闷的神色。显然，她对画家提出的要长时间地进行工作而感到枯燥和无聊。达·芬奇看到这个表情后立刻想到：在画肖像时，一定要她感到有趣一点才行，决不能让这个模特儿感到无聊寂寞。否则，只能画出毫无生气的复制品。

为了能画好这幅肖像画，达·芬奇倾注了他最大的才能和热情。他在画室的院子中间亲手设置了一个喷泉，泉水落在半球形的玻璃上，发出轻微的音乐声。在喷泉周围，他还栽上丽莎夫人喜爱的花。

此外，他还请来宫廷的乐师、歌唱家、诗人和滑稽演员等来为蒙娜·丽莎表演，一方面供她消遣，免得在画像时她感到无聊；另一方面，他是想趁机观察这些音乐、故事和滑稽的笑话在她心里引起的情感和思想活动是怎样表现在她脸上的，以便于他可以从容地捕捉到表现在蒙娜·丽莎脸上的内在情感。

（二）

不久后，左贡多先生和妻子以及陪伴她的女仆便一起来到达·芬奇的画室。

蒙娜·丽莎感到有些不自在。她预感到，一动不动地坐在那里是多么寂寞啊！

互相寒暄之后，桌子上摆上了甜食、水果等，同时还有盛着葡萄酒的酒杯。

达·芬奇走到丽莎夫人面前，注意地看了看她的手。她将一只手放在另一只手上，做出一副操行善良的少女等待长辈训示的样子。

观察了一会儿，达·芬奇不由地感慨道：

"这双手长得简直太美妙了！"

接着，他又用那惯常使用的柔和语调说道：

"如果夫人不反对的话，我想描绘一双不加任何装饰的手。而脖颈上的项链，我也希望您能去掉。"

银行家有些吃惊，但并没有提出异议。丽莎夫人听话地从手上、脖子上摘掉那些装饰品，把它们整齐地摆放在桌子上。

"谢谢夫人的配合，"达·芬奇说，"如果可能的话，请夫人不要改变姿势。"

毫无修饰，情趣天然，一绺一绺的卷发自然地垂在裸露的脖颈上，这正是他想要描绘的那种女子。

达·芬奇开始用含银的铅笔起画稿。

银行家左贡多高兴地坐在一旁品尝着高脚杯中的美酒。他一想到要通过著名画师达·芬奇的画笔让自己的妻子芳容永在，就表现出一副得意的神情来。

他坦率而质朴地对达·芬奇说：

"列奥纳多先生，我的婚事解决得再好不过了。她的父亲像我的父亲一样富有，我们的财产也都合并在一起了。虽然我的妻子对于富有家庭那些没完没了的娱乐已经习惯了，但她在品行和操守方面很有教养，这点是毋庸置疑的。"

渐渐地，丽莎愿意到达·芬奇的画室里来了。不论是在这里新结识的朋友，还是有着鸟雀标本、蜥蜴、蛇以及其他不认识的小兽骨架的陌生环境；不论是那些奇怪的实验仪器，还是带有调色板的画架；不论是气味特殊的松节油，还是那些颜色的涂抹……一切都显得有趣而新奇！

达·芬奇也在快乐地工作着，他精神饱满，容光焕发。他细心地观察着丽莎的内心世界，他要让她看到她是如何在画布中慢慢地呈现出来的。

但很快，丽莎的情绪又消沉了。虽然达·芬奇专门请来了音乐家来给她弹奏，也没能让丽莎动心。她变得一副忧愁的模样，有时还忍不住要打哈欠。那些变戏法的魔术师一会儿向上丢刀子，一会儿叠罗汉，都不能让她打起多少精神来。

看来，丽莎已经对这些音乐家和魔术师完全失去兴趣了。至于她什么时候能高兴起来，完全无法预料。

在中间休息的时候，达·芬奇让丽莎夫人休息一下，吃点点心。这时，丽莎夫人看到几幅速写，感到很奇怪。一幅是画着有蹼的水鸟爪子的速写；在这旁边，是一只人手的速写；紧接着，是一幅蝙蝠翅膀的速写。

"您这是要做什么，先生？"丽莎夫人好奇地问达·芬奇。

达·芬奇给丽莎讲解飞行和游泳的原理，讲游泳的器官和飞行器官的相似之处，并且，这种相似又是如何让他想到一种飞行机械的。

"这简直太神奇了，列奥纳多先生！"丽莎夫人有些吃惊地说道。

此刻，达·芬奇看到丽莎那双不太大、又略微缺乏表情的眼中闪现出了火花。这种火花让达·芬奇的心震颤了一下：就是这种火花，在阿玛多里妈妈的眼中燃烧过。当自己还是个小孩子的时候，每每找到一只昆虫，或是一只美丽的甲虫、一只美丽的蝴蝶、一朵花，把它们带回家，和阿玛多里妈妈一起观察，她对它们的构造和色彩的惊讶表现出来的神情就是这样的。

因此，达·芬奇决定把丽莎的肖像画成一幅包含有一定情节的主题性油画，并且决定在她的画像后面画上风景。

按照惯例，订制肖像画是不需要风景的，只需要画模特即可，但达·芬奇决定画出周围的环境来。而且，这个环境还要与蒙娜·丽莎的内心世界、精神生活和谐一致。为了达到这一点，他想把她摆在她越来越感兴趣的大自然中去。

（三）

在大多数时间里，蒙娜·丽莎在画室中都是默默无言的。但现在，她开始对画室产生浓厚的兴趣，好奇心驱使她问达·芬奇各种她弄不明白的问题：

"我感到不明白，列奥纳多先生，世间怎么会有那么多有趣的事？……还有，应该怎样去了解和评价一个人呢？有这样的人，他们不被周围的人所理解，但是，他们却知道很多东西……"

达·芬奇微微一笑，然后他郑重其事地说：

"如果夫人想听，我给您讲个故事吧。"

"讲故事？真新鲜！"蒙娜·丽莎笑着点了点头。

于是，达·芬奇就给她讲起自己小时候老祖母讲给他的那个《孤岛上皇帝的女儿》的故事，只是故事情节和人物他都稍稍作了一下删改。蒙娜·丽莎仍然听得趣味盎然……

故事讲完了，达·芬奇看了蒙娜·丽莎一眼。啊，她的脸上出现了微笑——一种似乎是幸福的微笑。这微笑那么迷人、那么温柔、那么明亮，让达·芬奇一下子想到了自己的母亲，想到了儿时看到的清澈潭水上的涟漪……

达·芬奇沉浸到思念、回忆母亲的思绪之中。母亲那慈爱的微笑，对他的爱抚，甜蜜而温暖的体温……

人们都说达·芬奇长得很像他的母亲卡特琳娜。他那双长长的优雅的双手，如丝一般柔软的金黄色卷发，还有他的微笑，都会令人想起他的母亲。

可是，母亲已经离开了人间，但那微笑和温暖甜蜜的体温永远留在他的记忆中，并且无数次地从他的笔端流出。如今，从蒙娜·丽莎的脸上，他仿佛看到了母亲那慈爱、让人温暖的微笑。

接下来，那微笑正从丽莎的脸上慢慢消失，隐约地留在两个嘴角上，给她的脸上增添了令人惊异的、神秘莫测的、调皮的神情。

"对，就是要这样的神情，它简直太美妙了！"

达·芬奇激动地想着、画着，生怕错过这一瞬间，这一缕照亮他那忧闷的模特儿的阳光……

那么，达·芬奇为何一定要画蒙娜·丽莎的微笑呢？

这里蕴藏着一个画家极其可贵的创作意图：在中世纪的黑暗岁月里，西欧人经历了1000多年残酷蒙昧的封建统治和基督教禁欲主义的精神摧残，早已丧失了思想自由和幸福生活的权利。现实生活中的一切喜怒哀乐，都会被视为触犯上帝的天条。

所以，在中世纪的画像中，不论是圣母、耶稣，还是普通的肖像画，总是那么呆板、僵硬，面无表情。

随后，文艺复兴时代到来，一切都发生了巨大的变化。在绘画当中，最明显、最典型的标志就是丧失已久的笑容又回到了人间，尤其是回到了获得解放的妇女们的脸上。那种笑容充满了新时代新人物的自信和乐观，洋溢着对未来、对真善美的渴望。

作为一个艺术家，达·芬奇敏锐地感受到了这一点，并天才地表现出了这一点。因此在他这一时期的画作中，一扫过去肖像画上那种郁郁寡欢的表情，绘制出各种自由的明朗笑容。他用艺术形象表明：人从禁欲主义下解放出来，它不再是没有七情六欲的模具，人能够向人微笑了！

所以，《蒙娜·丽莎》这幅画具有强烈的特征，而且成为文艺复兴时期女性美的原型，成为画家可以放开手脚倾心颂扬真善美的象征，成为西欧人结束漫长中世纪痛苦生活的标志。就像恩格斯所说的那样：

"这是人经受煎熬而取得的最伟大的进步的转折点。"

（四）

从1503年4月起，虽然丽莎极力配合达·芬奇的创作，但达·芬奇却画得很慢。一是因为他经常要找到那种想要的感觉，二是因为他还经常有别的事要做，比如修运河、造飞机、解剖尸体等。

期间，达·芬奇还接到佛罗伦萨市政厅的邀请，要求他在韦奇奥宫大会议厅的墙壁上作一幅画。虽然丽莎对耽误自己的画像有些不满意，但达·芬奇能获得市政厅的信任，能在绘画上一展才能，她还是很替他高兴。

这时，达·芬奇也主动提到了丽莎的画像，他说：

　　"到明年春天，我可以在壁画涂上第一遍颜料之后的空暇来为您把画像画完，复活节前就可以完成了，我保证！"

　　丽莎夫人无可奈何地笑了笑，说：

　　"您还是集中精力为市政厅画好壁画吧。他们可不像我这么宽容，允许您一拖再拖。如果您不按时画好，他们一定会把您投入监狱里的。"

　　此后一连几个月，丽莎夫人都没有见到达·芬奇。

　　直到1505年的春天，市政厅的壁画已经涂上底色，达·芬奇才又想起丽莎的画像。这天，他找到了丽莎。

　　丽莎很热情地接待了他，并问他是不是画像已经画好了，因为已经过去快两年的时间了，她和她的丈夫都很想快点拿到画像。

　　但达·芬奇不同意丽莎马上拿走画像。他说，他还想对画像的笑容再作些加工，"大多数人的笑容都是表现在嘴唇上，而你的微笑表现在眼睛里，我还没有画出这种微笑"。

　　丽莎同意了达·芬奇的观点。

　　这一次，画像终于要完成了，只剩下着色和一些细节上的修饰了。

　　这时，经常有些慕名而来观看这幅肖像的艺术家和艺术爱好者们，每一次前来观赏的人都会兴奋、激动地议论着这幅画：

　　"列奥纳多先生到底有什么样的魔法，能画出这样一位栩栩如生的美人？你看，这双眼睛多么秀气、别致啊！"

　　"是啊，她看起来真逼真，就像真在呼吸一样……"

　　"她的笑容真奇妙！好像在沉思，却又好像不愿意开口说话……"

　　"还有这双手，简直太漂亮了！手指纤长，柔嫩丰满，好像具有生命力！"

　　……

　　接着，他们又谈论起达·芬奇在塑造人物面部表情方面的高深学问，然后又好像发现新大陆似的说道：

"看看！你几乎可以触摸到这个美丽的脸庞上那鲜活的皮肤……似乎能看到脖子上皮肤下面的脉搏在跳动……"

"还有，你们发现没有？这幅画非常有立体感，画面远景是右高左低，从左向右观赏，可以感到画中的人物在逐渐下降；如果从右向左看，画中的人物就在逐渐上升。这可真是太奇妙了！"

事实上，这正是达·芬奇运用了透视学的原理，并运用得异常巧妙的结果。

还有那明暗转移法的运用，在这幅画上也更为独到。在画面中，达·芬奇描绘了有空间感的正在蒸发的湿润的空气，这空气就好像轻烟一样，隐隐地笼罩在画面上人物的周围。

1506年春，在断断续续用了整整3年的时间后，《蒙娜·丽莎》终于完成了。

画作完成后，《蒙娜·丽莎》以她谜一般的神秘莫测吸引着人们。她那神秘的微笑让人百看不厌，同时也令人浮想联翩。几个世纪以来，人们对它那永恒的魅力怀着持续不减的热情。

据说，达·芬奇在画完这幅画后，因为太过满意和喜爱画中的人物，不舍得将其交给丽莎夫人，因此一直带在身边，视为珍藏品。直到他去世后，才被法兰西国王弗朗西斯一世所收藏。现在，这幅画珍藏于巴黎卢浮宫的博物馆内。

达·芬奇很喜欢水，他也设计制造了许多在水中的东西，包括制造漂浮雪鞋、水下探险用的呼吸器、救生工具以及能够从下面袭击船只的潜水钟。虽然很多都没有成功，但事实上，的确有一个潜水钟袭击到了一艘船。

第十四章　再次离别故乡

欣赏——就是为着一件事物本身而爱好它，不为别的理由。

——达·芬奇

（一）

《蒙娜·丽莎》的成功，再一次轰动了整个佛罗伦萨，达·芬奇画室的订单再一次多了起来。不过，达·芬奇并没有因此而放弃他在工程和发明上的各种梦想。

1506年6月的一天清晨，达·芬奇正在大街上散步，迎面走过来一位衣冠整齐的绅士，正是曾与达·芬奇一同在波尔加军队中服役的同乡。现在，这位同乡正担任佛罗伦萨市政议会的秘书，同时还是国家首脑的顾问。

两人见面后，寒暄了几句，然后一同走到一家酒馆中休息。在交谈中，达·芬奇说起了一直在进行着的比萨战事，称战事之所以打不赢，是因为横穿比萨城的阿尔诺河为比萨运来了大批的粮食和弹药。如果位于上游的佛罗伦萨能让阿尔诺河改道，那么比萨人就一定会被迫求和。

这个新奇的想法让这位市政议会秘书非常感兴趣，他向达·芬奇询问了具体的设想。达·芬奇再次发挥他那灵活的大脑，滔滔不绝地谈了他那考虑过很长时间的计划。

市政议会秘书举起酒杯向达·芬奇表示祝贺，他说：

"我回去就向市政议会和长官汇报您的计划，您就等我的好消息吧，我一定让您的设想成为现实！"

第二天，市政议会就批准了这个宏伟的水利工程，并任命达·芬奇为水利工程的总指挥。

几天后，达·芬奇乘坐着华丽的马车前往佛罗伦萨军队司令部报到。他精神饱满、热情高涨，信心十足地认为自己这一次一定可以通过阿尔诺河改道工程结束比萨战争。

然而，军队的统帅却并不相信达·芬奇的计划能实现，他们甚至对此嗤之以鼻，不屑一顾。

后来，市政议会以行政命令迫使军队执行命令，军队才不太情愿地抽调一部分工程技术人员和战士们一起参与到这个水利工程当中。

就这样，规模宏大的阿尔诺河改道工程轰轰烈烈、热火朝天地开始了。

达·芬奇每天都精神抖擞得像一名统率千军万马的指挥官一样，指挥着这一宏大的工程。他指挥勘探人员探测他所设计的新河道线路，以每天10个铜币的薪水雇用了大批的民工按照勘探好的河道线路挖掘新的河道，军队派来的大批士兵则用来监督这些民工日夜不停地劳作。哪个民工慢一些，或坐下来休息一会儿，士兵的鞭子就会呼啸着向他们赤裸的脊背抽过去。

达·芬奇把工程的具体实施方案交给其他人，自己则继续去勘探。他经常独自一人跋涉在阿尔诺河发源地的大草原上，戴着宽边的草帽，拿着丈量和绘图工具，腰间挂着墨水瓶和笔记本。阿尔诺草原上烈日炎炎，风也很大，50多岁的达·芬奇常常是翘翘趄趄地行进，不停地量着、画着、记着……累了，就坐着草地上休息一会儿，以艺术家的眼光欣赏着这广阔优美的草原风光，并在他的笔记本上写下对大自然的美丽描述：

"太阳照射在树叶上，看上去就像透明的绿玻璃一样……阳光下，柏树似乎是黑色的，而梨树呈现出黄绿色……中午时分，原野被蓝色笼罩着……"

（二）

到了1506年的七八月份，阿尔诺河改道工程还在按计划进行着，新河道的挖掘已经进展了不少。

9月，新河道需要经过一片树林，民工们砍倒了树木，烧掉了野草，以便挖掘可以更容易一些。然而，民工的体力消耗很大，工程进展也变得缓慢起来。监工战士们的吆喝、咒骂和鞭子的抽打，都无法让精疲力竭的民工们干得更快一些。

这时，达·芬奇的大脑中又浮现出一个新的计划：佛罗伦萨需要两条运河，一条直通大海，另一条应该蜿蜒地流经几个城市，从而让这几个城市通过河道连接起来，以繁荣佛罗伦萨的工业和贸易。他为自己的新计划感到兴奋和激动。

9月底，达·芬奇回到佛罗伦萨，将自己的新计划向市政厅作了汇报，口若悬河地列举了计划的可行性以及将来为佛罗伦萨周边城市所带来的巨大利益。如达·芬奇所希望的那样，他所描绘的宏伟蓝图再一次打动了市政议会成员的心。

可是，达·芬奇没有考虑当时的技术水平，以为有民工挖掘就可以令阿尔诺河直通大海。河道是需要经过高地、穿越山岭的，当时的技术根本无法实施这些，自然也达不到设想的目的。

整整一个夏天，达·芬奇都在工地上不停地忙碌着。

夏末秋初，一场暴雨突然来袭，一连下了几天，河水就像脱缰的野马一样，在阿尔诺草原上肆虐。已经被填平的旧河道汹涌澎湃，不久雨水就灌满了两岸，而新河道却无法疏通洪水。

与此同时，民工们也开始抱怨不休。他们住在潮湿漏雨的工棚里，伙食也极差，薪水又低，一个个都怒气冲天。有人甚至散布说：改造河道的工程是触犯上帝的工程，现在上帝发怒了，所以才以大雨来惩罚佛罗伦萨。民工们都害怕被上帝惩罚，一个个丢下工具，连夜逃跑了。士兵们根本拦不住，甚至连部队的士兵都跟着开起了小差。

整个佛罗伦萨都是一片对达·芬奇的批评指责之声。

暴雨也仿佛故意与达·芬奇作对，不仅不停，反而越下越大，洪水很快泛滥，淹没了整个工程。运河也变成了一片汪洋和一片烂泥潭，工程彻底瘫痪了。

无奈之下，市政议会只好下令放弃这个失败的工程。

沮丧的达·芬奇再一次遭受了巨大的打击和失败。整个佛罗伦萨人都在嘲笑他、指责他，说他的设计有误，说他是夸夸其谈的吹牛家。就连顽皮的孩子在街上遇到他，都会取笑他是个大骗子，是个占星家——因为有那么一大蓬胡子的人只配作骗人的占星家。

阿尔诺河改道工程的失败，彻底打消了达·芬奇做一个伟大的水利工程师的梦想，不过却并没有彻底挫败他探索奥秘、渴望创造的热情和欲望。

（三）

在达·芬奇创作《蒙娜·丽莎》期间，他的父亲皮埃罗·达·芬奇于1504年7月7日去世了。皮埃罗先生活了80岁，也算是享尽天年了。

皮埃罗先生身后有10个儿子和2个女儿。生前，他曾多次说过，等他死后，他的非婚生长子列奥纳多·达·芬奇同他的其他孩子一样，有权利继承他的遗产。可是，等到皮埃罗先生去世后，达·芬奇的异母弟弟妹妹们都出来宣布：他们的哥哥是父亲的私生子，对遗产没有继承权。

正当达·芬奇束手无策时，一个放高利贷的狡猾的犹太人听说达·芬奇没有得到遗产的消息后，便借高利贷给达·芬奇，向他提议购买他同弟弟们争夺财产的权利。

达·芬奇虽然厌恶这种家务纠纷和诉讼带来的数不清的烦恼，平时对这种事情也是避之唯恐不及，但那时他的经济状况的确不乐观。在不得已的情况下，他答应了犹太人。

于是，达·芬奇开始提出诉讼请求，争夺300个弗洛林币的财产。官司一直延续了6年之久。他的弟弟们为了不被达·芬奇分去财产，开始利用一些人对达·芬奇的不满，火上浇油地攻击他不相信上帝，在米兰期间做出出卖祖国的事，还行巫术、发掘死尸来解剖等，还添油加醋地散布流言蜚语，利用一些人对科学的无知或误解，攻击达·芬奇的一切科学发明和著作。

除了遗产继承上的纠纷外，达·芬奇还面临着许多其他不愉快的事。比如，他与米开朗基罗之间的误会也越来越深。

达·芬奇和米开朗基罗的壁画草图被展出后，在佛罗伦萨市民中引起了巨大的争议，有人说《安吉亚利之战》高于《卡萨之战》，有人则持完全相反的看法。事情发展的最后，竟然有人在夜间用石头投掷米开朗基罗的"大卫像"，以示报复。对此，米开朗基罗更是一口咬定：这一卑鄙的行为是达·芬奇收买的流氓干的。这让达·芬奇百口难辩，非常难堪。

与此同时，身为当时佛罗伦萨终身大执政的彼埃罗·索德里尼与达·芬奇之间也产生了矛盾。他经常暗示达·芬奇曾为米兰的斯弗查公爵绘制过佛罗伦萨的军用地图，这无疑是具有叛国嫌疑的。

所以，他希望达·芬奇能怀着一种忏悔的心情来为他的政府服务。他还经常用讥讽的语气评价达·芬奇的《安吉利亚之战》，认为那是达·芬奇的失败和无能。甚至在达·芬奇领到一笔工作费用的款项时，他也认为那是达·芬奇的贪污行为。

这一切对于达·芬奇来说，除了烦恼还是烦恼，他觉得自己已经难以在佛罗伦萨继续生活和工作下去了。

恰好在这时，达·芬奇收到法国驻米兰总督的一封信，要他马上赶到伦巴第。但佛罗伦萨市政官员只给达·芬奇3个月的假。

于是，达·芬奇再一次辞别故乡佛罗伦萨，第二次前往米兰。

第十五章　第二米兰时期

一只鸡蛋可以画无数次，一场爱情能吗？

——达·芬奇

（一）

这一次来米兰，达·芬奇只有3个月的假期。在临走时，达·芬奇带了一幅《纺纱的圣母》。这幅作品中画的是儿时的耶稣将小脚伸入盛有纱线的提篮里。他笑着，调皮地抓住纺锤，要将它从母亲的手中抢过来。

这幅作品是达·芬奇在佛罗伦萨期间画的，是留多维克十二世的宠信者、他的御前秘书罗伯特订的货。

达·芬奇把这幅画带到米兰后，再一次引起轰动，这让达·芬奇的心灵得到了些许安慰。

到米兰后，达·芬奇受命为法国总督夏尔画一幅肖像。可是很快，3个月的假期就到了，达·芬奇要按时回去，肖像还没有完成。夏尔便派人送一份信到佛罗伦萨市政厅。信中说：

"我们还需要列奥纳多·达·芬奇在米兰完成一些画幅，因此，请您再给列奥纳多延续一些假期，以便他能在米兰再停留一些时间。"

117

这封信到佛罗伦萨后，彼埃罗·索德里尼大发雷霆，骂达·芬奇是个"米兰骗子"、"地地道道的变节者"。

10月份，达·芬奇依然没有回佛罗伦萨。佛罗伦萨市政官员写信给法国总督，要求他们遣返达·芬奇，法国总督没答应。这一次，总督在给佛罗伦萨的回信中十分不客气地说：

"你们佛罗伦萨人就应该为我效力，包括执政官在内。我写信过去，就是告诉你们：我希望佛罗伦萨画家能为我服务。他现在在我这里，我想叫他为我工作。"

命中注定，达·芬奇不能重返故里。他并不是不热爱自己的故乡，而是这些统治者们本来就把画家、艺术家等都看成是自己的仆人，是为他们服务的工具。达·芬奇等人的命运，决定于他们对游乐的兴趣以及对强者世界的歌颂。这也正是达·芬奇时代艺术家的悲剧原因之一。

佛罗伦萨执政官无可奈何，因为他惧怕法国国王留多维克十二世，他可不想因为一个画家惹怒了这个法兰西国王。结果，佛罗伦萨政府准许达·芬奇可以无限期请假。

第二年，也就是1507年，达·芬奇应法国国王路易十二的邀请，正式担任米兰宫廷画家和技师。这样一来，他便在米兰长住下来，偶尔有事时才回佛罗伦萨去一趟。

作为宫廷画家和技师，达·芬奇仍然会做一些水利工程方面的工作，为法国总督布置米兰的要塞工事，建筑营寨，以防止伦巴第人的进攻，就像当初他替米兰公爵斯弗查布置工事防备法国人一样。达·芬奇对政治从来没有兴趣，他只对工作本身感兴趣。

在从事这些工程工作的过程中，达·芬奇仍然没有中止他的艺术创作。大约在1506年至1507年间，他还创作了一幅名为《丽达与天鹅》的油画。

这幅画取材于希腊的一个神话故事：丽达是一位美丽的仙女，孤身居住在一个荒岛上，十分寂寞。排遣寂寞的唯一办法，就是躺在绿荫之下，仰望天空的白云。

这天，丽达看到天边忽然飞来一朵闪光的祥云，并落到她的面前。她一看，原来是一只晶莹洁白、优美健壮的天鹅。它走向丽达，依偎着她。丽达也非常喜欢这只天鹅。可她怎么也没想到，这只美丽的天鹅是宙斯变的。

后来，丽达和天鹅相爱了，丽达怀孕生下了一个大鹅蛋，破壳而出的是两个男孩。

达·芬奇画中所描绘的，就是丽达和天鹅在绿荫上相会的情景：画中背景是蓝天下的河流湖泊，群山环绕。前景是裸体的丽达和矫健的天鹅。丽达带着少女初恋般的喜悦与羞涩，她的裸体展示了她的青春美丽和生命力。画面的左下角有一对白胖的幼儿正在天真地嬉戏，互相抢夺手中的鲜花。

整个画面显得生机勃勃，情趣盎然，表达了艺术家对自然的赞美和热爱，以及对追求爱与美的美好人生的颂扬。

（二）

到米兰不久，法国总督又请达·芬奇为他设计总督夏宫。总督要求夏宫必须不同凡响，这颇费了达·芬奇的一些时间和精力。夏宫中要修建喷水暗孔，用四周喷出的猛烈水流冲击入侵的不速之客；还要安装许多风车，使花园中时刻都要凉风习习。

达·芬奇创造性地想要把风车同几种乐器联系在一起，这样风车在转动时，花园中就能奏出旋律优美的音乐。在他的笔记本中有关于这一设想的记录：

"……这样，在你的周围，不仅有花香、青松和甜橙发出来的芳香气味，还有音乐可供欣赏。"

当然，这座无与伦比的夏宫最终也没建立起来。

在法国总督的保护下，达·芬奇在宫中过着比较舒适优裕的生活，再也不像以前那样奔波困顿了。这样，他也有更多的时间写他关于绘画理论的文章——《绘画论》。

在这部著作中，达·芬奇论述了绘画的有关问题，如强光、暗光、色彩、形态、姿势、距离、环境、完整性等，阐述了他对绘画的一些精辟的看法。在正文之后，他还探讨了人体各个部分之间的比例问题等，十分详细地记录了他在进行人体解剖后得出的比例尺寸，为画家提供了精确的数据。

虽然统治者们认为这些艺术家理应是为他们服务的，但这一次在米兰，达·芬奇要比以前受重视。法兰西国王在与别人谈到达·芬奇时，总是称他为"我亲爱的""我尊敬的"等等，显示出达·芬奇在他心目中的重要地位。

总督查理·达·安波斯在谈到达·芬奇时，也是无比自豪。他说：

"我凭他的作品爱他，但是，当我个人和他认识之后，我发现：他比他的作品名声更伟大！"

这回，达·芬奇真正以他的巨大智慧征服了米兰。他以火一般的热情投入到自己的创作和科学研究当中。

1482年的时候，达·芬奇因为没有履约为佛罗伦萨修道院画成"圣母玛利亚游山"的画，修道院院长将达·芬奇告上了米兰法庭。经过20多年的诉讼，米兰法庭判定达·芬奇再画一幅同一主题的画，画上的每个人物头上都要带有光环。

就这样，达·芬奇又画了第二幅"圣母玛利亚游山图"，而且是按照当时的合同画，不再以自己的创意代替。

现在，这幅画保存在伦敦国家画廊里。

后来，达·芬奇又创作了《圣人安妮，圣母玛利亚和神童》《施洗约翰》《巴克斯》等。这些画色彩艳丽，每个人脸上都挂着一种奇特的微笑。这种微笑有智慧、有悲哀、有鄙夷，最突出的是怜悯。人们把这种微笑称为"芬奇式微笑"。

比如，在《圣人安妮，圣母玛利亚和神童》中，达·芬奇继续实践着自己对艺术的构想。画中的人物是圣人安妮、女儿圣母玛利亚和外孙耶稣。玛利亚横坐在母亲的膝上，扭转身体去抱儿子耶稣。耶稣抓住小羊，想要骑上去。他回头望着母亲，而外祖母稍稍低头，以纯洁的微笑注视着自己的外孙。

画的背景是优美的山水风景。画中的人物轮廓不十分清晰明确，形状模糊，仿佛要消失在阴影之中。这样的画面可以令面部表情避免了枯燥和生硬。

这是达·芬奇自己创造出来的著名画法，即晕涂法或称渐隐法。

在《施洗约翰》中，画面上的约翰一只手擎着十字架，另一只手指向天空。他面带微笑，头发很长，气质中带着女性特有的温柔。不过，有人认为，这种微笑已表明达·芬奇的创作出现了定型化的倾向。这也标志着达·芬奇已进入老年，他的艺术创作才华正在逐渐减退。

（三）

虽然已近暮年，但1512年达·芬奇所作的素描《自画像》，为他一生的艺术创作生涯划了一个辉煌的句号。

画中的达·芬奇蓄着浓密的长须，目光深邃而犀利；额头和眼角的皱纹纵横清晰，展现出阅尽人间沧桑的经历和丰富的智慧；端直的鼻子下面，嘴角显得刚毅有力；他的整个面庞都流露出沉思和仿佛痛苦的表情，揭示了他全部的个人命运，也深深地烙下了那个时代的印记。

《自画像》的素描用的是红炭笔，线条流畅而有力，具有一种激动人心的表现力。画面中的线条不仅描绘了一个形象的轮廓，还具有一定的空间立体感，创造了生动的造型体积感受，几乎达到一种浮雕式的造型效果。

有人在评论这幅《自画像》时说：

"人们从达·芬奇的这幅自画像中，可以看出巨匠的思考力、智慧和明显的性格特征；可以看到他那具有坚强不屈的意志的鼻梁和嘴唇，洞察一切事物的敏锐而深刻的眼睛；波浪式的长发连接着下巴的胡须，掩盖着他深思而庄严的脸，给人们留下了一个具有无限生命力的伟大师匠的印象。"

在这期间，达·芬奇将自己的主要精力和时间几乎都投入到数学、生理学和解剖学等科学研究当中。

当达·芬奇第一次住在米兰替莫罗公爵服务时，就曾很勤勉地研究过解剖学。那时同他一起研究的还有个很年轻的科学家，名叫马可·安东尼奥，当时只有18岁，但已是个小有名气的学者了。

达·芬奇在回到米兰之前，马可·安东尼奥也只有25岁，但已成为全欧洲第一等的学者了。

达·芬奇与安东尼奥的研究方向几乎是一致的：都舍弃中古阿拉伯人那种经院式的解剖学而代之以实验和观察，代之以精密研究活体的构造。因此，两个人颇有共同语言，经常在一起讨论研究。

通过对人体的解剖，达·芬奇精确地了解和掌握了人体的骨骼、肌肉、关节以及内脏器官的结构等。所以，他所绘制的人体解剖图不仅精确细致，而且称得上是出色的艺术品。

此外，达·芬奇还得出许多医学和生理学的科学结论，对医学和生理学也作出了一系列贡献。他是第一位精确地绘制开放着的子宫图像的人；他发现血液对人体起到的新陈代谢作用，认为血液能把养料带到全身的各个部位，并将废料带走；他还发现心脏有四个腔，并画出了心脏瓣膜；他把人的心脏看成是人体的血流压机，认为血液循环与水的流转相似，脉搏和心跳是一致的。这个理论在一个多世纪后被英国人威廉·哈维所证实。

同时，达·芬奇还首创了用蜡来表现人脑的内部结构，并第一个设想用玻璃和陶瓷来制作心脏和眼睛活动的模型等。他还将人的生理构造及特征等与动物的进行比较，发现人的身体构造不仅同四足兽十分相似，同鱼类和鸟类也很相似。

在这里，达·芬奇发现了一个统一的无所不包的自然法则。像文艺复兴时期人们所普遍认为的那样，达·芬奇把人也看作是一个"小宇宙"。他按照托勒密在其《宇宙志》中所采用的顺序，用15幅人体解剖图揭示了"小宇宙"的秘密。

比如，同托勒密将大宇宙划分为各个区域一样，达·芬奇也将人体分解为各个部分，从各个方向确定每一部分的功能，并用人体结构图来表示人体的局部运动的能力。而人的运动的原因及其规律等，又属于机械学研究的对象。达·芬奇认为，人类和动物的肢体是活动的杠杆，所以，一切知识都源于机械学，机械学是"最初推动者的奇妙正义之化身"。

尽管达·芬奇对人的骨骼、结构特征等了如指掌，对人体的美妙也心领神会，但他仍然认为灵魂要比肉体更美好。因为灵魂是神性的，有灵魂的肉体才是鲜活的生命。灵魂是不能与肉体分开的，所以最美的是生命。

"生命是如此美丽，凡不尊重生命的人，也是不配有生命的。"这是达·芬奇的观点，也是达·芬奇憎恶战争、反对杀戮的最根本的思想根源。

（四）

就在达·芬奇在米兰过着比较安定的生活的时候，1511年，反法国人全球性联盟成立了，米兰也再一次躁动起来。教皇、罗马皇帝以及瑞士、威尼斯等联盟者，纷纷要将法国人赶出意大利，法国人在米兰站不住脚了。

接着，米兰前公爵路德维克·莫罗的儿子马克西米连·斯弗查带着2万名瑞士雇佣兵向故乡米兰进军，并打败法国人，统治了自己家族的故地。

在米兰，马克西米连找到了画家达·芬奇。他常常回忆起自己小时候坐在这个画家的膝上听他讲故事，听那些奇特的银色诗琴的演奏。那时候，画家达·芬奇还是个年轻力壮、精力充沛、身材修长、肢体灵活、技艺娴熟的旗手。

而现在，画家的胡须都白了，成了一位长者。

在达·芬奇的工作室中，马克西米连看到了一尊骑士的青铜小雕像，这是法国元帅特力乌奇奥纪念碑的小型模型。

马克西米连的内心很难过。他想到了达·芬奇的另一件天才作品，因为父亲莫罗没有足够的钱浇铸成青铜，最终令祖父斯弗查的泥塑纪念碑被法国士兵用箭射穿。

不过，马克西米连进驻米兰后，位子坐得也并不稳当，那些瑞士雇佣兵士根本不尊重他，只是把他当做一个无足轻重的傀儡；而神圣同盟的那些人物更不关心他的死活。虽然青年公爵聘请达·芬奇担任宫廷画师，定了薪俸数额，但却始终没有支付过。

战争还在没完没了地进行着，外国人经常来骚扰，一些匪帮更是不分青红皂白，常来屠杀、抢劫米兰人。米兰一片混乱。

此时，托斯卡纳也发生了动乱，费迪南王的大炮推翻了那个可怜的彼埃罗·索德里尼先生。过去的暴君，美第奇家族的兄弟们再次回到佛罗伦萨。其中一个名叫朱利亚诺·德·美第奇的人，是个奇异的梦想家，对权力和荣誉都很冷淡，但却爱好炼金术。他听说达·芬奇很有智慧，便在复国后邀请达·芬奇回佛罗伦萨服务，但并非把他当做一位艺术家，而是把他看做一个炼金士。

但是，达·芬奇却渐渐厌倦了这种在政治纷争中挣扎着生存的日子，他要不断地变换服务对象，而每个被服务的对象都不真正尊重他、重视他。他那些平生视为神圣的、伟大的东西，也都纷纷被世人拿去玩弄。例如：《最后的晚餐》中耶稣的面容被人描摹去了，同教会的庸俗观念结合一起；蒙娜·丽莎那迷人的微笑也被人描绘成淫荡的、或纠缠到什么"柏拉图式恋爱"的幻想中去。

更加不幸的是，1512年冬天，达·芬奇的好朋友马可·安东尼奥死于加达湖边的一个小城镇里。他是在那里替穷人诊治疟疾时不幸被传染了，死时才仅仅30岁。这让达·芬奇感到更加孤独。他现在觉得，凡是联系他与活人世界的一切线索都先后被剪断。他的周围，孤独和寂寞在一天天扩大，他就像是在沿着一条狭窄而黑暗的小径深入地下，而且拿着铁铲在岩石中间开掘出一条道路，孜孜不倦地开掘着，始终希望在地底下掘出一条路能通到新的天上去。但这种希望也许只是妄想。

1513年，罗马教皇朱留士二世死了，美第奇家族中的乔凡尼·德·美第奇被选为新的教皇，称为利奥十世。随后，这位新教皇便任命他的兄弟朱利亚诺为罗马教会的护教大将军。朱利亚诺准备离开佛罗伦萨，到罗马走马上任，他再次邀请达·芬奇跟他一起到罗马供职。

在这期间，米兰始终动荡不安，法军时常前来骚扰，并时常进行小规模的袭击，达·芬奇既感到厌倦又无可奈何。

1513年9月23日，达·芬奇怀着暗淡而又茫然的心情，带着自己的几个徒弟从米兰动身前往罗马。从此，他离开了这块辛勤奔波、奋斗多年的热土，再也没有回来。

　　达·芬奇曾经设计过一种自驱式汽车，这是他那个年代的创新设计。这种木制汽车由传动轮的交互弹簧驱动，是世界上第一个自行驱动的汽车。2004年，佛罗伦萨一家博物馆的科学家曾照着达·芬奇的图纸制造了一辆，发现汽车完全可以按达·芬奇预想的那样工作。

第十六章　在罗马遭受的屈辱

假如你有两块面包，请你用一块换一朵水仙花。

——达·芬奇

（一）

1513年秋，达·芬奇一行离开动荡的米兰，骑着马向罗马方向进发了。他的仆人赶着骡子，驮着他的全部家当。

一行人穿过亚平宁山脉的峡谷，来到涅威尔平原。在路上，他们遇到了不少去罗马朝见新教皇的香客。

此时，年过花甲的达·芬奇似乎又焕发出年轻时那种血气方刚的朝气。他和那些狂热迷恋宗教、崇尚教皇的人开着高级玩笑。他从自己的旅行袋中突然掏出一些空的、吹满了空气的运动物的躯体，然后那些躯体就像中了魔一样，随着风轻轻地飘荡起来，一直飘荡到那些香客的头顶。

香客们吓得惊慌失措，仓皇地躲避着，还不停地在胸前画着十字，仿佛那是灾难临头了一样。

而达·芬奇和弟子们则哈哈大笑，这是他们进行的一次关于气球的实验。科学又一次向愚昧发出了挑战，这种挑战让这位老艺术家十分

127

开心。

尽管如此，一路的奔波还是十分艰辛的，他们日夜兼程，在一天的傍晚时分，才终于走到了"永恒的城市"——罗马。

到了罗马后才知道，他们正赶上人们觐见教皇的庄严的前夜。

朝圣教皇，是天主教堂主持们庆祝美第奇家族无数家庭节目中的一个。此时的罗马，已经被鲜花、拱门和彩灯装饰起来。沿街移动的是游行的队伍，每个人都拼命地穿过拥挤的大街，接近白旗，拥着穿着华丽的主教的身躯。教皇的御林军由瑞士人组成，守卫在教皇的两旁。

达·芬奇和他的弟子们绕过拥挤的大街，在一个小酒馆里暂住下来。店老板给他们斟酒，并向他们报告了罗马的消息。他说：

"我们的教皇特别喜欢画家、音乐家、诗人等，这些人都能在梵蒂冈找到一个温暖的小窝。"

次日，达·芬奇带着弟子前往罗马教廷所在地梵蒂冈。那里早已聚集了很多人，喧闹的赞美声不绝于耳。

忽然，人群中的嘈杂声安静下来，几乎所有的人都向出现教皇的方向瞳目望去。奢华的教皇左手握着金钥匙，右手伸出，向民众表示祝福。

朝圣开始了，在场的人纷纷跪下。教皇利奥十世匆忙地祝福几句，便继续前进。他的早课是在教堂中举行。

下午，一大群骑士簇拥着教皇一起外出打猎。

晚上，教皇又去拜访当地实力雄厚的银行家们。

几乎整整一天，达·芬奇都在大街上穿行、观察，画他的素描。

（二）

佛罗伦萨的美第奇家族一直都有保护艺术和科学传统的美名，罗马的教皇利奥十世当然也恪守着这一传统。因此在他的身边，一直都集合着众多的诗人、乐师、画家和学者等。这些艺术家和科学家在宫中都有一个舒服的位置和丰厚的俸禄。

当时，意大利的著名画家拉斐尔·圣奇奥已成为罗马教皇宠爱的红人。他穿着华丽，住在自建的华丽邸宅中，过着公侯一样阔绰的生活。米开朗基罗也正为教皇所重用，继续完成前教皇朱留士二世陵墓的雕刻任务。

可是，年迈的达·芬奇在罗马却受到了冷遇。在到罗马几天后，朱利亚诺·美第奇将达·芬奇介绍给他的哥哥——教皇利奥十世，但教皇对这位显得有些老态龙钟的艺术家并不重视，也没有给他一个"温暖的小窝"。达·芬奇和弟子们住在一个古旧而阴暗的破屋子中。

由于不能受到重用，生活没有来源，没几天，达·芬奇的爱徒卓梵尼便在绝境中自杀了，这让达·芬奇十分悲痛，也更加感到无望和失落。每天在彷徨、等待，以及无可奈何的闲散中度日，让他感到厌倦。他平时的工作、书籍、机器、实验、绘画之类，好像都不再能引起他的兴趣。

教皇之所以不重用达·芬奇，是因为不喜欢这个做事缓慢、已呈老态，然而还有点自以为是的艺术家。他听到过关于达·芬奇的许多事情，比如"他15年之久奉承着莫罗公爵，后来上帝降罚了这个暴君，把他推倒之后，达·芬奇又去替另一个更凶恶的暴君——切萨尔·波尔加服役；他自己是佛罗伦萨人，却替波尔加绘制托斯卡纳地区的军用地图，为了帮助敌人来占领自己的乡土"等等。

达·芬奇不但反对人类之间互相残杀，还对动物非常仁慈，不吃肉，甚至在市场上买到小鸟放到天空，让它自由。但是，达·芬奇同时也发明了一些杀人的武器，这些先进的杀人武器比以往任何时候都能够大规模地杀人。他还爱跟随死刑犯到刑场上去，为的是能够观察到他们死前的面孔上最后的恐怖表情，以及在绞索勒住他们的脖子时所呈现出来的痛苦挣扎的姿态。

另外，达·芬奇还发明了一种飞翼，可在试飞时，却几乎让他的徒弟跌断了颈项。

更让教皇感到惊讶和恐惧的是，达·芬奇的徒弟们居然偷了尸体做解剖用！不仅从医院里偷，还从教堂的公墓中掘坟挖尸，达·芬奇本人就曾解剖过几十具尸体，这简直太令人感到毛骨悚然了！这一点尤其让教皇无法忍受，他下令给"圣神修道院"院长，严令院长管辖下的医院不准再拿尸体给达·芬奇，也不准达·芬奇到医院里研究解剖学。

不过，朱利亚诺还是极力地向教皇哥哥推荐达·芬奇，并请求让达·芬奇画一幅画。教皇推辞不过，不情愿地答应了。

于是，达·芬奇又开始着手准备作画。同以往一样，他前期需要做许多预备工作，寻找素材，画速写草图，还要改良颜料，并发明了一种新漆准备为这幅画用。然而，他却迟迟没有动手画。

利奥十世得知达·芬奇一直都没有正式动笔画画后，很生气，便派人到达·芬奇的住所去催促他快点画。

这个人来到达·芬奇的住所时，正好达·芬奇在专心地做化学试验。达·芬奇一见到教皇的人就感到心烦，说：

"先生，我请您等一下，等我把这种液体煮沸。此刻我丢不下这曲颈瓶。"

但这人对他的实验并没有兴趣，只是有些害怕地问：

"您这是在搞什么？"

达·芬奇尽力克制自己，冷静地说：

"我要尽力从不同种类的青草中得到一种纯净、对色泽少害处的透明颜料。油质颜料有一种特性：干燥时会改变颜色，会坼裂。"

这人却根本不给达·芬奇解释的时间，而是说：

"可是我要的是画。教皇已经等不及了。"

达·芬奇说：

"我一定会画好的，请你不要再催了！"

这个人回去如实地将达·芬奇的活动情况报告给教皇。利奥十世更加失去了耐性，他愤怒地叫喊道：

"这个怪人永远做不成一件事情！他一心只想着要结局，却永远不会去真正动手做！从他身上，我们从来都得不到任何好处！"

结果，宫廷中的人抓住教皇的这句话在罗马城中四处散播：达·芬奇的命运已经注定了。利奥十世，最伟大的艺术鉴赏家，已经判断了他。

（三）

在罗马的这段日子，好像大家约好了一样，所有的人都忽然离开了达·芬奇，人们也好像忘记了他，但教皇的判词还是传到了他的耳朵里。

这天晚上，当达·芬奇一个人默默地独处时，他在自己的笔记上写道：

"忍耐之于被侮辱的人，正如衣服之于挨冷的人。天气越寒冷，你就越要穿暖些，那时候，你就不会觉得冷了。同样，你受的侮辱越重，你也越要忍耐，那时候，侮辱就不会伤损你的灵魂！"

所以，虽然在罗马的境况十分不妙，达·芬奇还是默默地忍受着这一切。

从来到罗马后，米开朗基罗也一直没有停止过对达·芬奇的嘲笑和攻击，指责他曾用心地为路易十二服务，以此来刺激达·芬奇，让他更加痛苦。

不久，教皇利奥十世又让达·芬奇去造钱币。这样，达·芬奇又将自己的时间拿出一部分花在发明印刷奖章和钱币的冲压机上，无暇顾及那些流言蜚语。

可是，那些教皇的走卒们却千方百计地欺负和搅扰达·芬奇，让他很难安心地从事工作和研究。

为了让达·芬奇快点完成冲压机，教皇给他派来了一个名叫格奥克的助手。可是，这个家伙根本没什么本事，也不专心协助达·芬奇从事研究工作，每天都喝得醉醺醺的，有时还偷达·芬奇的钱。他还有一个同伙，是个名叫约翰·则卡尔希克的德国人。两个人经常一起出去玩耍：射鸟、玩骨牌等。

有一天，达·芬奇派这个助手出去寻找材料，结果这个家伙却一去不回，一直到深夜才回来，还喝得醉醺醺的，根本没有带任何材料回来。

达·芬奇很生气，第二天便批评了这位助手，这位助手为此对达·芬奇怀恨在心。结果趁达·芬奇外出时，格奥克和他的同伙撬开了达·芬奇装机器零件的柜子。他们想把达·芬奇研究设计出来的机器零件转送到德国去，以便利用他的发明赚大钱。

庆幸的是，达·芬奇在前一天晚上已经把零件转移到别处了。否则，零件丢了，他的罪过可真的大了！

与此同时，达·芬奇还在继续研究解剖学，从事尸体标本切片活动。他经常到医院中进行解剖研究，有时尸体是由守城门的人在夜里找到背来的。

达·芬奇尽量避开一切人，躲在一家医院的破旧角落里从事研究。然而，达·芬奇的这一行动却没有逃脱他的助手格奥克和约翰的监视。

一天夜里，格奥克串通一个教皇的近卫兵，一起埋伏医院附近教堂的一个角落里跟踪达·芬奇。

这时，正好达·芬奇来医院进行解剖研究，结果被他们逮了个正着。约翰在一旁添油加醋地对教皇的近卫兵说：

"你瞧，他又来割死人了！他需要人肉，尤其是小孩子的心脏，他要拿去做药。他不但是个巫师，还是个不信上帝的人。周围居住的人从来没有看到过他去忏悔，他也从来没有请过神甫到家中做祈祷。"

近卫兵听了这些，吓得直哆嗦。

约翰又继续说：

"这个不信上帝的家伙，当他在割死人肉之前，总是想办法让死人的手脚都动起来，甚至会教他们跳舞……"

他们边说还边向达·芬奇正在进行解剖研究的有灯光的房间望去。

此时，达·芬奇正在把尸体的手脚弯曲后再弄直，以便能观察肌腱和肌肉的机械运动。而这一动作，真的有点像在教死人跳舞。

"天啊！"

教皇的近卫兵吓得几乎晕过去。

第二天，近卫兵就向教皇报告了，说达·芬奇从死人的身上取心脏，进行可怕的犯罪活动，并且还干着巫师的勾当。

教皇听后很气愤，下令警告达·芬奇：如果他再随便去解剖尸体，就将他马上驱逐出教会。

很快，整个罗马都在谈论列奥纳多·达·芬奇的妖术，那些爱饶舌的人更是捕风捉影，大肆宣扬，弄得满城风雨。

而就在这时，达·芬奇最忠实的朋友，他的仆人铁匠佐罗阿斯特罗却突然不明不白地死了！这让达·芬奇十分伤心。

原来，铁匠在一家小酒馆喝酒时，听到有人在那里散布有关达·芬奇的谣言，说达·芬奇用死人的心脏来熬制毒药。

铁匠听后，忍无可忍。为了维护主人的声望，他挥起拳头扑向那个人。接着，两个人厮打起来。

最后，那个人竟然无耻地拨出别在腰间的刀向铁匠刺去，致使铁匠受伤而死。

这个爱说俗语、爱唠叨，对达·芬奇从无二心的老朋友的死，给达·芬奇造成了很大的打击。

这时，达·芬奇的唯一靠山朱利亚诺·美第奇也不再信任他了。他将与达·芬奇订制的画作《永恒的城》的时间长期推迟下去。

达·芬奇感到四面楚歌，他觉得在罗马实也待不下去了。

第十七章　结束漂泊的生活

荣誉在于劳动的双手。

——达·芬奇

（一）

1515年1月1日，法兰西国王路易十二死了。由于没有儿子，所以就由他的女婿弗朗西斯即位，称弗朗西斯一世。

弗朗西斯和他的岳父一样，认为米兰不再从属于法国是国家的一大损失。因此刚一即位，他就御驾亲征，统率大军迅速越过阿尔卑斯山，攻入了米兰城。

与此同时，他还战胜了罗马教皇利奥十世。战斗十分残酷，战场上共伤亡了1.6万余人。

一进入米兰，弗朗西斯也像他的岳父一样，首先造访了玛利亚·德拉·格拉齐耶修道院。在那里，他看到了达·芬奇的杰作《最后的晚餐》。

这幅画深深地吸引了弗朗西斯，他想：他的故乡法国应该拥有这幅伟大的作品，可又无法把教堂搬过去，该怎么办呢？他命令营造师和工程师想办法，看有什么办法能把这幅画弄走。

两位技术师彻夜未眠，冥思苦想，终究也没有想出什么好办法来。

最终弗朗西斯一世想出一个办法来，他说：

"如果我们搬不走这幅画，那就把这幅画的作者带走。他会给我画出其他的、同样是天才的作品来。何况，他本来就是法国的王室画家，更应该为法国服务。"

接着，他转向自己的秘书说道：

"你立即给列奥纳多·达·芬奇先生去信，表达我们的祝福之意，并且表达一定要在米兰看到他的愿望。去吧，现在就去写。"

而此时，达·芬奇正在罗马经受着生活的煎熬，急于脱离罗马。所以在收到弗朗西斯一世的信后，他很高兴，感觉离开罗马有了希望。随后他整理行装，并和自己的学生分手，只带着麦尔兹和维拉尼斯两个人。

与弗朗西斯一世见面的地点定在了巴维亚。达·芬奇刚到巴维亚，就被市政府的代表请去了。

几天后，法国新国王弗朗西斯一世来到巴维亚。

这天，在欢迎法国国王的盛会上，一个会动的、像真的一样的狮子向国王走来。

走到国王面前，狮子停了下来，后脚直立，然后慢慢地打开自己的胸膛，一束白色的百合花出现在国王面前。在这束花的中间，还有一个法国国徽。

这个献礼是达·芬奇亲自设计制作的，弗朗西斯一世非常满意，也给欢迎盛会带来了喜悦和欢快的气氛。

看到站在面前的满头白发、蓝眼睛中闪烁着智慧目光的老人，弗朗西斯第一次不用"你"而改用"您"来称呼达·芬奇：

"列奥纳多先生，我希望您能跟我一块儿到博罗尼亚去，您觉得怎么样？"

达·芬奇对弗朗西斯一世鞠了一躬，很漠然地回答说：

"如果陛下需要的话，我愿意跟随您一起。"

随后，达·芬奇便准备动身跟随弗朗西斯一世前往博罗尼亚。在那里，弗朗西斯一世将等着接受罗马教皇利奥十世的投降，以及与利奥十世谈判和平的问题。

终于，达·芬奇又见到罗马教皇了。然而，现在的罗马教皇已经不是以前那个叱咤风云、恶毒地诅咒他人、纵容属下犯罪的统治者了，他显得非常衰颓和羸弱，还对法国国王表现出一幅恭谦又巴结的样子来。

他甚至走到达·芬奇面前讨好。弗朗西斯一世知道教皇的虚伪，在罗马达·芬奇就经常被教皇轻视。因此，弗朗西斯一世故意刺激教皇。他对达·芬奇说：

"我最敬爱的列奥纳多先生，伟大的艺术家……因为您的到来，我感到十分荣幸，我想特别热烈地感谢教皇陛下……"

教皇马上讨好弗朗西斯一世说：

"我感到万分高兴的是，我们最受尊敬的朋友、笃信上帝的国王，在与这位意大利的艺术家中最荣耀的一位交往时感到愉快。我总像爱护儿子一样地爱护他。"

狡猾的教皇用轻柔的、慈爱的目光微笑着看着达·芬奇。

真是虚伪！就在不久前，他还把这位艺术家贬到造币厂去服务呢！

达·芬奇也尖刻地调侃道：

"我永远不会忘记教皇的好处。"

教皇的脸一下子就红了，并紧紧地咬住下唇，不再说话。

达·芬奇默默地研究着这张脸：可怜、恶毒、羸弱、虚伪、奴颜婢膝……

随后，他迅速地拿出自己的速写本，然后将观察到的这一切画进他的速写本中。

当接见结束，教皇走远后，弗朗西斯一世要见识一下达·芬奇笔下的这位圣父——基督的代理人、一个乞求者的尊容。

在艺术家的笔下，是一个十足的伪君子形象。

<h1 style="text-align:center">（二）</h1>

弗朗西斯一世在意大利聘请了许多学者名流和艺术家前往他的宫廷去服务，这既能够让自己获得爱护艺术家的美名，又能给他带来很多实惠。所以，他希望能把意大利的"三大巨匠"——达·芬奇、拉斐尔和米开朗基罗都请到他的宫中。

但是，他知道罗马教皇是不会放走他宠爱的拉斐尔和正在担任巨大工程的米开朗基罗的，于是只好聘请了在罗马备受冷落的达·芬奇。他答应给达·芬奇提供可观的年俸，并把自己离宫安波斯城堡旁边的克鲁庄园拨给达·芬奇居住。

一生都处于颠沛流离状态的达·芬奇也十分希望自己能有一个安静的晚年，他觉得克鲁庄园应该是自己最后的归宿。因此，他接受了法国国王的聘请，决定前往法国。

1516年初春，达·芬奇带着弟子麦尔兹和维拉尼斯等人，以及仆役、厨娘等，踏上了去法国的路程。

离开故乡，离开意大利，达·芬奇知道这一去可能意味着永别了。他最后从山上俯瞰伦巴第，这片还是早春的正在苏醒的土地。他没有惋惜，但还存在着一丝希望，他仍然属于意大利。他相信，意大利总有一天会给他无上的光荣和名誉。

10月，达·芬奇带着学生来到法国国王的安波斯城堡。

城堡那用杜兰白石砌成的宫墙在夕阳下，在那淡绿色的如透过水的光辉之中，连同它在河中的倒影，看起来就好像云朵在飘扬。从角隅里的高塔上，可以清楚地看到洛亚河两旁的森林、牧地和田野。

在安波斯离宫的东南方，矗立着达·芬奇即将住进去的住所——克鲁庄园。这所庄园以前是属于路易十一朝代总管大臣所有的。

到了安波斯后，达·芬奇受到了贵宾一样的热情接待。这里所有人都知道，达·芬奇是一位非常受国王尊崇的佛罗伦萨画家。虽然他已是一位老人，但他气度高贵，外表庄重，因此仍然很引人注目。

宫廷贵族们都纷纷效法他的习性、举止、言谈等，甚至还效法他的衣着穿戴。女士们更崇拜他的舞姿和仪表，说他是伟大的"丘比特"。

年轻的弗朗西斯一世对达·芬奇十分敬重，殷勤地同这位画师会谈，谈他以前和以后的工作，还称他为"父亲"和"师傅"，同时还给了他一大笔养老金，让他能够在安波斯安享晚年。

达·芬奇为此深受感动，他自己非常渴望能有一个平静安逸的晚年，不用再四处流浪、四处奔波。同时，他也决心为国王弗朗西斯一世做些事情，以报答国王的知遇之恩。

因此，刚到法国安波斯不久，达·芬奇就向国王弗朗西斯一世提出了建议：最好在附近的索伦沼泽区域开辟出一条运河来，把这个传播疟疾的不毛之地改变成一片郁郁葱葱的绿洲。

另外，在马康地方要把洛亚河和沙翁河连起来，让它们相通，使法国的杜兰州和意大利联系起来，从而开辟出一条新路从北欧通到地中海岸去。

国王听了这个建议后很高兴，立即批准了达·芬奇开掘运河的计划，决定开掘运河。所以，达·芬奇安顿下来之后，便经常外出研究地势。弗朗西斯一世打猎时，达·芬奇也在罗莫兰丹地方研究索伦沼泽区的形势，调查洛亚河和沙翁河的各个水源，测量水位，绘制地形图。

然而过了一段时间后，宫廷中一些保守的大臣们开始向弗朗西斯一世进言了：

"陛下，这个计划太大了，有些地方根本就是不切实际的，所以能真正实现的可能性很小。"

"……而且，陛下，这个'怪人'总是处在改天换地的胡思乱想之中，做事常常都是有始无终。他的话实在不可信。"

……

弗朗西斯一世听了大臣们的这些话后，热情很快消失了，并逐渐忘记了曾经制定的工程计划，沉醉于吃喝玩乐之中。

达·芬奇企图展示自己智慧的最后一次机会落空了。以后，他只能作为国王的首席画家、机械师和室内装饰师出现在法国宫廷之中。

弗朗西斯一世希望自己的宫殿能在幽雅的趣味和有教养方面成为欧洲其他国家的楷模，于是，他委任达·芬奇负责这方面的工作。从太子的洗礼到公爵、国王的亲戚的婚礼，以及各种大型的庆典活动等，都由达·芬奇精心安排、设计，否则就不能进行。

不过，自从国王没有采纳他的意见，让他实施他的宏伟计划后，达·芬奇就感到再也没什么力量和精神去搞其他的创作了。他感到心力衰退。

（三）

1517年的春天，达·芬奇在索伦沼泽区考察地形时染上了疟疾，扶病回到克鲁庄园。直到这一年的夏天，他的病才稍微轻一些，但健康状况始终未能完全恢复。

在克鲁庄园墙外的阿马斯小河对岸，有一片美丽的森林。每天下午，弗朗切斯科·麦尔兹都会扶着师父出去，沿着幽静的小径走到森林深处，在一块大石头上坐下来。然后，麦尔兹坐在他脚下的草地上，悠然地读但丁的诗，读《圣经》，或者读一些古代哲学家的著作给达·芬奇听。

在他们的周围，是阴暗的森林深处，唯有太阳冲破阴影的地方可以看到空地上的一丛丛茂盛的花发出紫焰或红焰来，就像蜡烛一般。一株被狂风吹倒的半朽的树上，凹处的一簇苔藓映出绿玉的光辉。

麦尔兹的朗读中断又不说话时，树林就笼罩着在一片寂静之中，只有几只鸟发出几声鸣叫，最后连鸟儿都不做声了，树林就更加寂静。腐叶、野菌，以及潮湿蒸气的气味窒塞了人的呼吸，热得让人喘不过气来。

麦尔兹抬起头来望望老师。达·芬奇一动不动，好像僵硬了一般。他细心地听着寂静，看着天空、树叶、石头、花草和苔藓，用一种辞行的眼光看着它们，好像这是永别之前的最后一次一样，看着眼前这熟悉的一切。

麦尔兹时刻都陪伴在老师达·芬奇身边，就像一个不会说话的影子一样，不打扰老师的沉思。

他要比维拉尼斯和马捷林娜更懂得老师。马捷琳娜是达·芬奇不久前所收的唯一的一个女弟子。

在老师的指点下，麦尔兹热爱并懂得了但丁、彼得拉克、薄伽丘的作品及其风格特点等。达·芬奇还常常把自己的笔记念给麦尔兹听，让他了解和体会自己的哲学思想和科学思想。

那些被老师称作"寓言""谜语"和"预言"的东西，经常会引导麦尔兹进行无边的思考。

在一个白雾蒙蒙的早晨，达·芬奇像往常一样，坐在窗前，望着远方沉思。近来他的健康状况一直不好，所以有些天没到宫里为国王举行庆典活动了。

麦尔兹坐在老师脚旁边的一个柔软的靠枕上，也像往常一样，拿起老师那保存得十分完好的银色诗琴弹奏起来，唱起了一首熟悉的故乡的歌谣。他知道，老师此时一定又怀念起故乡来了。

"蓝天多么美妙，
它在阳光中灿烂地微笑……"

听到这熟悉的歌声，达·芬奇若有所思地说道：

"但这里都是白雾，今天是白雾，明天也是白雾……全都是灰色的、苍白的、单调的、阴沉沉的，简直令人窒息……"

接着，达·芬奇从窗外收回目光，停了一会儿，又看着麦尔兹说：

"我的弗朗切斯科，你非常忧闷……我是说，你是不是经常回忆起米兰那澄净的、湛蓝的天空啊？"

"是的，老师，我常常都会想起。"麦尔兹坦诚地回答。

"那么，到米兰去吧，你自己去，到你父亲那里去。你的老师，再也搞不出什么东西来了。"达·芬奇带着一种十分绝望的表情说道。这是麦尔兹以前在老师脸上从未看到过的表情。

麦尔兹为老师的忧伤感到痛心，他坚定地回答说：

"不，老师，我不到故乡去，如果您不愿意与我一起走的话。您知道，不管是我，还是维拉尼斯，还是马捷琳娜，都不会离开您的。"

达·芬奇苦笑了一下。

这时，有人敲门。

"是你吗？维拉尼斯？"达·芬奇问道，声音中充满了极度的疲倦。

"是的，老师，"维拉尼斯和马捷琳娜从外面走了进来，"早饭已经好了。"

"早饭好了？好，那咱们去吃饭。"

马捷琳娜从厨房中端出早餐，摆在餐桌上的是一些蔬菜、水果、乳制品和面食。这么多年来，达·芬奇一直都保持着吃素食的习惯。

由于对大自然生命的热爱，他不忍心杀害任何有生命的东西。他经常对学生说：

"吃我们创造不出来的活物，那是伟大的暴行！难道大自然把人抬高到动物之上，就是为了让他变得比野兽更残忍吗？"

第十八章　一个科学巨匠

美貌的青年穿戴过分反而折损了他们的美，山村妇女穿着朴素无华的衣服反比盛装的妇女美得多。

——达·芬奇

（一）

当天空明亮、雾气少的时候，达·芬奇就和麦尔兹一起到野外散步。达·芬奇观察一会儿，对麦尔兹说：

"你瞧，我的弗朗切斯科，要向我们伟大的导师——大自然学习，要学会耐心地观察。大自然中包含着许多的美好和智慧。"

停顿了一下，他又接着说：

"你看，那光明向阴影的转折是多么不可思议、多么柔和，没有一个地方有生硬的、像刀切一样的分界线，全都是那么温柔、和谐，全都是从明部到阴影渐渐转移。这是自然的造化……"

麦尔兹顺着老师手指的方向望去，用心地体会老师的悉心教诲，不住地点头。

接着，达·芬奇又说：

"如果你想成为一名画家，就要丢弃一切的忧虑和操心，潜心于艺术，让你的心灵像一面镜子一样，把所有事物的一切运动都反映出来。大自然中的事物是多么不同啊！每一个鸡蛋、每一片叶子，都有着各自不同的、不可重复的形式，就像每个人都有各自不同的容貌一样……"

他热爱艺术，并崇尚艺术，他对学生们说：

"绘画是一门科学，是自然界一切可见事物的唯一模仿者。看不起绘画的人，一定是不爱哲学和自然的。进而，他也不懂得这种被明暗、色彩、线条所构成的形态里所包含的精深的感悟和哲理。凡是可见的事物，都是由自然生养的，这些自然的儿女又生育了绘画。"

他在给学生们讲解绘画时，也时刻都在表明自己的观点。同时，这些观点也被他记录在他的笔记中：

"……画家的心应该像一面镜子，把自己转化为对象事物的颜色，并且如实地摄入摆在面前所有物体的形象。要知道，如果你不是一个能够让艺术再现自然一切形态的多才多艺的能手，那么，你一定不是一个高明的画家。"

在这段时期中，达·芬奇因患中风，右手几乎瘫痪了，不能再继续顺畅地绘画。不过，他并没有停止思考和写作，也没有停止进行科学研究，还继续用左手写各种实验报告。

达·芬奇曾经认真地研究过大自然中的鸟儿、蜻蜓、蝙蝠，甚至苍蝇，他想从中发现它们扇动翅膀的原动力。

"如果能够使这种机械的原动力得到解决，使飞行器上的双翼自己扇动起来，那么，人类就一定可以在天空中飞翔。"

达·芬奇曾根据老鹰翅膀的原理制造出一个飞行器，可是还没准备好，就被他一个性急的学生偷偷将飞行器弄到房顶，然后大胆地试着向下飞行。结果自然是没有飞起来，而且几乎折断了这个青年的脖子。

后来，达·芬奇又开始思考：如果飞行在空中出现问题该怎么办？他的想法是：

"应该有一种巨大的、像伞一样的东西，拴在人的背上。借助它，人就可以从空中缓缓地降下来，不至于摔伤。"

达·芬奇曾把这个设想记录下来，并且还设计了草图。这就是他对现在我们使用的降落伞的构思。

他还在自己笔记中的一幅"飞弹"的精细平面图下面写下了这样一句话：

"人类，正如一只伟大的鸟儿，会在那高贵的天鹅背上作自己的第一次飞行，让整个世界大吃一惊！让所有书籍都在谈论着，给自己的故乡——祖国，带来永恒的荣誉！"

（二）

这天，天气依然晴朗，达·芬奇和学生们吃完早饭后，打算和麦尔兹一起去散步。

像往常一样，达·芬奇指导麦尔兹认识一些大自然中稀奇的植物，尤其是沼泽中的，如蕨类、灌木和各种花草等植物。

之后，师徒二人又到附近的小山上观察树木、树叶等。

当他们走回来，刚刚到庄园的便门时，就听见一阵急促的脚步声。

达·芬奇抬头一看，原来是马捷琳娜向他们匆忙地跑来。由于着急，她头上戴着的白色头巾也偏到了一边。

"先生，请您快一点……故乡来客人了，从意大利来的客人……红衣主教大人，还有秘书跟他一起……"

马捷琳娜边喘气，边急促地说道。

达·芬奇听到这些，脸上一下子放出光彩，就像被阳光照亮了一样。他快步向庄园里走去。故乡来了客人，这对达·芬奇来说可是一件大事。

看到老师那激动、喜悦的面容，麦尔兹感慨地想：

"那些浅薄、无知的人说老师投降了法国人，忘了故乡；现在，从老师的表情可以看出，他是多么热爱自己的祖国和故乡啊！尽管祖国一直不曾重用他，没有正确估价他的天才，但是，就只是故乡来人这样一个消息，他就立刻变得神采飞扬起来。他对故国该怀着多么深厚的感情啊！"

达·芬奇仿佛一下子年轻了10岁。他精神焕发，迈着完全是年轻人的步伐，去迎接这位出乎意料而来的客人。

来拜访达·芬奇的是意大利红衣主教路易斯·阿拉贡斯基和他的随从。他们正好路过克鲁庄园，就突然想来看看这位久负盛名的老艺术家。

红衣主教的到来，对热切地思念故乡的达·芬奇来说，宛若一阵春风一般，让他非常高兴和激动。

一阵寒暄之后，红衣主教提出了一个要求：

"尊敬的列奥纳多先生，我请求您，能否赏光让我欣赏一下您的作品。是您这位'最杰出画家'的光荣之名和身为故乡人将我吸引到您这里来的。"

"可以，当然可以！请来我的画室吧。"达·芬奇高兴地说，然后热情地带着主教来到他的画室。

接着，他开始一幅接一幅地掀开盖在画上的粗麻布，露出他的一幅幅画作，供红衣主教欣赏。

第一幅是《施洗约翰》，第二幅是将自己的女儿玛利亚抱在膝上的《圣人安妮》。在《圣人安妮》的画作前，主教停下来默默地欣赏着：

"看啊，这两代人微笑地看着第三代，希望保护他……而耶稣就像融入了大自然一样。所有的这一切，是多么的不平常啊！"

"从别的艺术家的作品中，没有哪一个会像这样。那从阴影到明处的转折是多么自然、多么令人惊讶！别人指责他不信仰基督的话语，从这幅画上看就是不能成立的。他们的确不了解这位伟大的艺术家啊！难怪他要离开自己的故土，将生命的余年交给异国……"

接着，红衣主教看到还有一幅画没有揭开上面盖着的布。而且，这幅画上盖的不是粗麻布，而是漂亮的塔夫绸。

"尊敬的先生，有一幅杰出的肖像画让我们的国君都很感兴趣，故国人更是倍加赞赏，能不能让我也欣赏一下？"主教基本已经猜出了这幅特殊的画的内容了。

达·芬奇将主教引到第三幅画作旁，然后慢慢地揭去上面的塔夫绸。

这幅画，正是那幅已经闻名整个欧洲的肖像画《蒙娜·丽莎》。

主教马上就被画作中那微笑吸引住了。可是，达·芬奇的声音却嘶哑了："我从故乡带出来的，就这些，阁下……"

画中的这位左贡多夫人，蒙娜·丽莎，在如花的年龄时便死去了，死时还不满30岁。她的丈夫，弗朗切斯科·捷列·左贡多先生，也在垂暮之年逝去了。

往事如烟，多少美好的日子让他回忆。他回忆起初识蒙娜·丽莎的日子，回忆起给她作画的日子，回忆起音乐家演奏妙曲让她开心微笑的日子。啊，还有那充满激情的工作，是多么令人难忘啊！

多少年来，就是这美丽的微笑，把他那颗高傲的心俘虏。每当曙光初照，他来到画室，都必然会依恋地看着画中那温柔的容颜。

现在不少人推测，达·芬奇很可能是爱上了这位美丽的女子。他一生都没有结婚，也没有女性朋友，这也许都是由于她的缘故。他觉得自己再也找不到这样的微笑了。

（三）

主教欣赏完达·芬奇的画作后，还参观了他的实验室。看到画室和实验室里那些简陋的陈设，主教忍不住问达·芬奇：

"您怎么受得了这样的孤独，尊敬的画家先生？这里可真是太简陋了！"

"我已经习惯了。这里有我的事业，有我的学生，有我许多珍贵的思想，还有这些不会说话的朋友。"达·芬奇指着他那些研究而成的东西，微笑着说。

接着，他开始一个接一个地打开自己珍藏的那些笔记本，讲解上面的那些平面图、那些机械设备等。

主教惊异地看着、听着，他满心激动，并由衷地确信：列奥纳多·达·芬奇先生不仅是一位伟大的画家，还是一位伟大的思想家、学者，更是一位了不起的发明家。他所掌握的知识是没有尽头的，这大概是主赐予他的才能吧！

事实上，从更大的意义上来说，达·芬奇应该是一位科学家。因为他那永不褪色的科学精神让他走在了时代的最前列，登上了时代的艺术巅峰。

达·芬奇的科学思想范围是无限的。他同时成功地研究解剖学、医学、生物学、动物学、植物学、地质学、地理学、地形测量学、宇宙学、水利工程学、机械学、海洋学、声学、光学、热学、物理学、天文学、数学以及一切种类的技术，包括机械工程、机械制造和飞行机器等等。

他发明了卷绳索的车床、纺车、剪呢绒的机器、钻孔的器械、擂颜色用的圆锥形磨、卧式的涡轮、滑车、各式各样的绞车、制造木筒的机器、上部活动的特种风车、独轮车、降落伞、潜水设备和救命带等。

他设计了竹蜻蜓式的飞机和飞行机。

在水利方面，他设计和改造了运河灌溉系统，比如设计开凿运河、修改河道、改良土壤、建造水库和水闸、拦水坝和利用水流作为动力的设想等等。

在军事方面，他还设计过云梯、野炮、弩炮、装甲车和战舰以及机关枪、潜水艇和手榴弹等等。

……

然而非常遗憾的是，达·芬奇一生中的绝大多数科技发明和创造都没有被利用起来。他的天才常常被用在一些宫廷的玩乐之中，成为王公贵族取乐和玩耍的游戏。

人们也根本不把他的发明创造当成科学来看待，甚至不少人认为：达·芬奇的那些东西根本就是一些巫术。

他曾把一节很小的羊肠拿给人们看，并带他们到他的实验室，然后用实验室里的风箱给羊肠打气。很快，羊肠就膨胀成为一个透明的大气球。这一行为，当时就吓跑了许多人。

达·芬奇笑着告诉他们说：

"我让你们看的，只不过是人类德性的象征。也就是说，它初看起来也许微不足道，但只要经过小心培育后，它就能无穷地生长。"

……

达·芬奇把自己的许多发明和创意用一种通俗的、准确的语言说给红衣主教听。主教认真地思考着。

天渐渐黑了下来，该是告别的时候了。主教眼里含着激动的泪水，紧紧地拥抱了这位可爱可敬的老艺术家，难过地说道：

"祖国失去了列奥纳多·达·芬奇这样的人才，这是多么遗憾的损失啊！"

然而，达·芬奇却以一种非常平静的声音回答说：

"这个人很快就要彻底地告别人世了。"

1995年，美国巨富比尔·盖茨以3000多万美元的天价买下了达·芬奇16世纪所写的一部手稿，这也是唯一一份没有在欧洲保留的手稿，里面包含了达·芬奇对水力学和水的运动等方面的诸多研究。

第十九章　永远的"蒙娜·丽莎"

运动是一切生命的源泉。

——达·芬奇

（一）

路易斯·阿拉贡斯基一走，达·芬奇就病倒了。是对故乡的思念害苦了他。他的学生说。

现在，达·芬奇只能一连几个小时地坐着，或躺着不动。他似乎不能再站起来工作了。

这天，达·芬奇感觉身体稍微好一些，就想到画室里看看。虽然他已经很久没作画了，但那些曾经陪伴过他的画作，他都非常珍惜。

刚刚坐在画室里，就听见窗子底下响起了脚步声和说话声。

"不要让别人进来！"达·芬奇命令麦尔兹说，"告诉他们，我害病或者出门去了。"

麦尔兹走到大门口，准备拦阻那些不速之客。可他看见的却是国王弗朗西斯一世。

麦尔兹马上恭恭敬敬地鞠了一躬，然后开门让国王进来了。

达·芬奇几乎来不及遮盖他正在欣赏的那幅《蒙娜·丽莎》。每次有人来的时候，他总要把这画像遮起来的，不愿意外人看见。

达·芬奇站起来，要依照朝廷礼节向国王屈膝下跪。但国王却阻止了他，自己反而向达·芬奇鞠躬，并很敬意地拥抱了他。

"我们好久不见了，达·芬奇师傅，"国王和气地说，"你的病好些了吗？最近有什么新的画作么？"

"我病了很久，还没有好，陛下。"达·芬奇回答说，同时正要把那幅《蒙娜·丽莎》推到旁边去。

"这是什么？"国王指着这幅画问道。

"一幅旧画，陛下。您以前看过了的。"达·芬奇假装不经意地回答。

"让我再看看吧，你的画真是愈看愈好看。"

达·芬奇有些迟疑。这时，一位侍从已经上来把半盖的绸布揭开了，露出了蒙娜·丽莎美丽的肖像。

达·芬奇很无奈地皱起了眉头。

国王坐在一把椅子上，不做声，默默地看着这画像，仿佛被深深地吸引了。

"真是神奇！"最后他说，好像一下子从深思中觉醒过来。"这是我见过的最美丽的女人。这是谁呢？"

"丽莎夫人，佛罗伦萨公民左贡多的太太。"达·芬奇回答。

"你画了多久了？"

"十几年前画的。"

"她现在还这般迷人么？"

"她已经去世了，陛下。"

"这幅画真美！达·芬奇师傅，我要买下这幅画，您要我付多少钱呢？"弗朗西斯一世看来真的被这幅画迷住了。

"陛下，"达·芬奇怯怯地说，"这幅画还没有画好。我打算……"

"胡说！"国王打断他的话，"你再画下去也不会让她更美了！这幅画我买了，你开个价给我吧。你放心，我是不会还价的。"

这让达·芬奇非常为难。他觉得必须找出一个好的理由，拒绝把画像卖给弗朗西斯一世。因为，丽莎夫人的画像是他一生中最宝贵的，无论任何代价他都不能割舍！

国王以为达·芬奇不说话，是害怕开出的价钱不能让他满意。

"这样吧，您既然不肯说，我就说一个价目吧，3000盾可以吗？"

"陛下，"达·芬奇的声音开始颤抖起来，"我斗胆请您……"

"是低了吗？那就4000盾吧。达·芬奇师傅，这样大概够了吧？"

达·芬奇的心中有说不出的慌乱，以至他的面孔都没了血色。可国王却误以为他的慌乱是出于感激，于是站起来准备走。在临走前，他再次拥抱了艺术家一次，同他告别。

"那就这么定了吧，4000盾。明天我就派人来取'丽莎夫人'这幅画像。您放心，我一定会给她一个令你满意的位置。我知道这幅画的价值，我会替后代人保存下来。"

弗朗西斯一世走后，达·芬奇一筹莫展地坐在椅子上，呆呆地看着这幅画，心里几乎还不能相信刚刚发生的事情。

（二）

天渐渐黑了，麦尔兹来画室看了几次，达·芬奇都始终坐在《蒙娜·丽莎》的面前。在暮色中，他的面孔看起来苍白而僵硬。

夜里，达·芬奇忽然叫起麦尔兹，声音沙哑地说道：

"起来！我们到宫里去。我有话要对国王说。"

"师父，您今天很疲倦了，又在生病，我们明天去不是更好些吗？"麦尔兹希望可以劝阻达·芬奇。

"不，现在就去。你不去也不要紧的，我自己一个人去。"

麦尔兹不敢再反对，只好点起灯笼，陪达·芬奇一起出发向安波斯宫走去。

此时，国王弗朗西斯一世正同少数亲近的人吃宵夜。听说达·芬奇来了，他马上派人引他进来，自己还同妹妹马格丽特一起到门口迎接他。

达·芬奇低着头，显得很慌乱。

"达·芬奇师傅，"国王向他致敬，又一次很尊敬地拥抱他。"您这么晚前来，一定是有什么事吧？您不是在生病么？"

"我又是为了那件事向陛下来求情的，就是为了陛下要买的那幅画，为了丽莎夫人的画像而来的。"

"什么？您当时为什么不说呢？我们价钱不是已经说好了吗？"国王感到很惊讶。

"不是因为价钱，陛下。"达·芬奇努力克制着自己的感情，说道："陛下，请您发慈悲心，不要从我那里买走这幅画！这幅画会是您的，我也不要钱，只是请您让它再陪伴我一段时间吧——直到我死的时候……"

他停下来，说不下去了，眼里含着绝望的哀求，看着国王。

达·芬奇的目光让国王动了恻隐之心，这让他表现出了一定的宽宏大度，虽然他有些不情愿。

"好吧，达·芬奇师傅。"弗朗西斯一世带着一些轻微的嘲笑说道，"我知道无法拒绝你的要求。放心吧，我会照你的愿望做的。但不要忘记：这幅画是我的，钱你可以预支去！"

说完，他又拍了拍达·芬奇的肩头。

达·芬奇赶紧向国王鞠躬，表示谢意，然后在麦尔兹的搀扶下，步履蹒跚地离开了安波斯王宫。

不过，弗朗西斯一世并不罢休，后来又派人三次前往达·芬奇的住所，要求高价购买《蒙娜·丽莎》，均遭到婉言拒绝。

1518年，念念不忘《蒙娜·丽莎》的弗朗西斯一世第五次派出心腹前往达·芬奇处软硬兼施，表示会出价3万枚金币，向病榻中的绘画大师收购此画。

然而，达·芬奇始终都不忍心与自己的这幅心爱的画作分离。他移动着已患中风的病体，向购画人说明不卖的理由，并跪下请求国王的宽恕，这才免遭杀身之祸。

直到达·芬奇去世后，这幅画才被弗朗西斯一世拿走。

6年后，几经辗转的《蒙娜·丽莎》返回故乡，被意大利米兰的西市博物馆收藏。后来，法兰西国王路易十三又成为该画的主人。这位国王将这幅画悬挂在"家训堂"中，要求他的女儿每天模仿画上丽莎夫人的笑容。

此后，该画被法国卢浮宫收藏。法国总统戴高乐生前每每遇到棘手的事或心绪不宁时，都会驱车前往卢浮宫观赏这幅画。当他从《蒙娜·丽莎》的展厅中出来时，通常都满面春风，一扫愁容，仿佛画中的人物给了他力量和激情一般。

（三）

19世纪以来，《蒙娜·丽莎》收到全球各个角落寄来的求爱信7200余封，法国有关部门专门派人整理，并打算出版成书。

1911年8月21日，《蒙娜·丽莎》从法国的卢浮宫失踪，被法国人视为国难。当这一消息披露后，有4万多法国居民悲痛欲绝甚至精神失常。

为了能追回这幅巨作，法国成立了数以百计的侦缉小组，连续作战一年多，最终于1913年1月26日在法国与安道尔交界处的狄莫特镇找到了这幅被法国人看做偶像和精神寄托的画。

为了庆祝这一胜利，法国城乡的各种商品全部削价百分之四十，以示祝贺。

《蒙娜·丽莎》曾4次出国，每一次都荣耀无比。

1951年，它出访西班牙，受到了国家元首和政府首脑级的礼遇。西班牙元首佛朗哥亲赴机场迎接，并亲自捧携，以示重视。20余万马德里市民载歌载舞，夹道欢迎。

1954年，英国首相丘吉尔特派6架专机和300名礼仪小姐将《蒙娜·丽莎》从巴黎接到伦敦。对此，法国深受感动，破裂允许丘吉尔首相用手指轻抚画像3次。当然，首相的手指提前已经过10次清洗和3次严格的消毒。

1963年6月，美国总统华盛顿出动保安4万余人，迎接《蒙娜·丽莎》来到美国。参观者要经过6道哨卡和各种仪器的检查，许多人因被查出不利于参观《蒙娜·丽莎》的因素而被阻于展馆之外，望馆兴叹。

1974年，该画在日本东京展出。据说每个参观者只准许在画前站9秒钟。

1993年，《蒙娜·丽莎》周游欧共体的一些成员国。为确保途中安全，法国特别设计制造了一只别具一格的贮藏箱，既能防火、防水、防毒，又能抗重压、能呼吸、能自动报警。

……

每过半年，《蒙娜·丽莎》就要到科研部门进行一次"全身检查"。在出门时，需要有30辆警车左右护卫前后开道，200名荷枪实弹的彪形大汉守护左右，寸步不离。巴黎所有大街小巷的路口都有持枪的士兵站岗巡逻。

平时放有的《蒙娜·丽莎》展厅戒备极其森严。尽管如此，还是有歹徒惦记，仅1987年到1991年4年间，就连续发生4起盗窃事件。但幸运的是，这件瑰宝依然安全地挂在巴黎卢浮宫中。

由于太多人热爱《蒙娜·丽莎》，而无奈《蒙娜·丽莎》只有一幅，因此出现赝品也是在所难免。英国前首相撒切尔夫人就曾收藏了4幅赝品。她说：

"我实在是太喜欢《蒙娜·丽莎》了，但它却又是一件孤品，所以只能以赝品而自娱了。"

而越来越多的商贾与企业家也将《蒙娜·丽莎》当成发财致富的工具，纷纷将经过再创作的画中女子作为产品的商标。例如：法国的香水、英国的女胸衣、德国的卷烟、瑞典的乳制品、奥地利的电器、瑞士的仪表、西班牙的橄榄油、巴西的咖啡、哥伦比亚的可可、埃及的长纤维棉，等等。

达·芬奇用了3年的时间，为世界文化宝库留下了魅力无穷、迷倒千千万万世人的不朽名作。所以说，达·芬奇的一生并不像他自己悲哀地叹息的那样：

"我没有完成一件事情。"

达·芬奇根据古罗马建筑师维特鲁威的比例学说，亲手绘制了他的理想人类"维特鲁威人"。这个"理想的人体"张开双手，模拟成十字架，与外围的圆框共同形成了一个内十外圆的经典构图，一直流传至今。此外，"维特鲁威人"也是达·芬奇以比例最精准的男性为蓝本所绘制，因此后世也常以"完美比例"来形容画中的男性。

第二十章　悄然离世

　　所有伤害都会在记忆中留下痛苦，而最大的伤害——死亡并非如此，死亡在终结生命的同时也抹去了记忆。

——达·芬奇

（一）

　　1518年秋，达·芬奇感到身体特别不舒服，但他仍然每天忍耐着病痛和疲倦坚持工作，只是工作时间比以前要短一些，然后叫麦尔兹搀扶着到楼上的寝室休息。螺旋形的木楼梯很陡，达·芬奇又常常感到晕眩，如果没人搀扶他的话，他是上不去楼的。

　　这天傍晚，麦尔兹又搀扶着达·芬奇准备上楼休息。达·芬奇勉强地用力慢慢走上梯子，每走两三级就要停下来休息一会儿。

　　忽然他站不稳了，全身的重量都靠在麦尔兹身上。麦尔兹知道，师父的中风又加重了。他马上喊老仆役来帮忙，两人把达·芬奇抬到寝室。

　　同往常一样，他不允许请医生，也不服药。整整6个星期，他都躺在床上，右半边身体麻痹，右手更是完全废了。

　　达·芬奇的一生中，左右两只手都能使用。在工作时，他也是两只手同时使用：左手画图，右手涂颜色。但现在，他的右手因中风差不多不能再使用了，他开始害怕自己从此不能再作画了。

进入冬季后，达·芬奇的身体恢复了一些，他也能够自己起床活动一下。开始时只在各个房间走走，后来就下楼到画室里，但并不画画。

一天，在吃完午饭之后，大家都去休息了。这是一天当中最清静的时候，麦尔兹正好有事来找师父，但在楼上的寝室找不到他，就到下面的工作室来找。他小心地推开门向里望着，看师父是否在这里。

通过半开的门，麦尔兹看到师父正站在一幅未画完的画作前，想要用那只患病的右手去画它。他的脸上出现一种绝望的紧张，两片嘴唇紧闭着，嘴角下垂，眉毛高竖，灰白色的头发粘在大汗淋漓的额头上。可是，那几个僵硬的手指却不肯受他指挥，画笔在达·芬奇的手中发抖，就好像毫无经验的徒弟拿着一样。

麦尔兹不敢做声，他紧张而难过地看着这种活的精神在死的肉体之间最后的挣扎。

最终，达·芬奇无奈地放下画笔。后来，他把其余未完成的图画、毛笔和颜料等，全部藏在画室最偏远的角落里。

身体舒服一些时，达·芬奇就翻阅他的笔记本，并把他的新思想写进去。现在，萦绕于他心中的是关于生与死的种种思想。

一天夜里，达·芬奇做了一个梦，梦见自己没有死却被人埋葬了。在地下棺材之中醒来后，他不能呼吸，拼命地用双手去推棺材盖。

第二天早晨醒来后，他就叮嘱麦尔兹：他死后，在身体未曾发现腐败象征以前，切勿埋葬。

在冬天的夜里，每逢寒风怒号，大雪纷飞，达·芬奇就眼望着火炉，回忆童年时代在芬奇镇的生活，回忆起鹳鸟在远处快乐而充满诱惑性的叫喊——"飞呀！飞呀！"回忆起荆棘的木脂香味，回忆起佛罗伦萨的风景……然后他觉得，他还是热爱生命的。现在，他成了一个半死之人，但仍旧紧抓生命。他害怕死亡，把死设想为黑暗的坟墓。可今天或明天，他就可能被投入进去了。想到这里，他的心中充满了悲哀。

（二）

虽然达·芬奇对死亡感到恐惧，但这并没有影响到他对工作的热爱。最近这几年，他几乎没有再去制造飞行器，不过却常常想起这件事。每次看到天空有燕子飞过的时候，他就会得到一种新的思想，然后决定做个最后的试验，希望在制成人类的飞翼之后，他的一生事业就可得到辩解而免于毁灭。不过，这个最后的希望也许含有一些幻想的成分。

达·芬奇仍旧顽强、热烈地进行着各种工作，有时甚至忘记睡眠和饮食，克服衰弱和病痛，整日整夜坐在桌子前计算和绘图。

这段时间，麦尔兹始终都不离达·芬奇左右，有时甚至夜里都不睡觉。这天，他实在疲倦得很，就靠在熄灭的火炉边的一张椅子上睡着了。

可是，师父达·芬奇依然低着头在那张小写字台上工作，手里拿着笔，面前摆着一大张纸，上面写满了数字。

忽然，他的身体摇动起来，手中的笔脱落了，头愈垂愈低。达·芬奇努力想要站起来，喊一声麦尔兹，可低得听不见的叫声到了他的嘴边就止息了。接着，他的身体趴在桌子上，桌子几乎被他压翻，蜡烛也被碰落在地上。

这响声惊醒了麦尔兹。麦尔兹一下子跳了起来，在黎明的微光中看到师父趴在桌子上，旁边有熄灭的蜡烛和散乱的纸张。

麦尔兹立刻明白：师父的中风又犯了。

这次，达·芬奇昏睡了好几天。当他的知觉渐渐恢复后，他马上要求拿飞行器的图纸给他。

"不行，师父，"麦尔兹希望达·芬奇能好好休息一下，"在您没有完全恢复以前，我宁死也不肯让您继续工作。"

"你把我的图案放到哪去了？赶快拿给我！"达·芬奇很生气。

"我放在顶楼上，锁起来了。"

"钥匙在哪里？"

"在我身上。"

"给我！快点给我！"

麦尔兹怕激怒师父，加重他的病情，只好把钥匙给他。达·芬奇把钥匙接来，藏在自己的枕头底下，感到放心了。他希望自己在身体状况恢复一些后，可以再到顶楼继续工作。

1519年4月，达·芬奇的病情恢复了许多，麦尔兹也感到略略宽心一些。这天，达·芬奇很安适地过了一整天，还同前来拜访的古叶谟修士下了几盘棋。

晚上，麦尔兹坐在达·芬奇脚下的一个矮凳上，头靠着床，不知不觉竟睡着了。为照顾师父，他已经有几夜没合眼了，非常疲倦。

忽然，好像什么东西惊醒了他一样，他醒了过来，却发现师父不在身边。

麦尔兹急忙到楼上寻找，并唤醒老仆人。老仆人表示也没看到达·芬奇。

麦尔兹又跑到楼下的画室寻找。忽然，他想起了藏在楼上的飞行机器图纸，连忙走上去，打开门，看见达·芬奇果然在这里。

他正披着一件破旧的衣服，坐在地板上，把一口箱子翻转过来当桌子用，点着一根蜡烛头，正在写字。显然，他又在演算着有关飞行机器的数据，一面写着，嘴里还一面低声而急速地念叨着。他的喃喃自语，他的发红的眼睛，他的散乱的灰白色头发，他的因紧张而蹙着的眉毛，他的因老年而低垂、凹陷的嘴角……一切看起来都让人觉得可怕。麦尔兹站在门口，几乎不敢进去。

这时，达·芬奇忽然又拿起铅笔，把那张写满了密密麻麻数字的纸涂抹了。那急促的动作，把铅笔尖都划断了。然后，他回过头来，看见了徒弟，便慢腾腾地站起来，面无人色。

麦尔兹急忙跑过来搀扶他。

"我告诉过你了，"达·芬奇带着一种温和而奇异的笑容说，"我告诉过你了，弗朗切斯科，我不久就可完工了。现在，我真的完工了，我的一切工作都做完了。从此以后，你不用再担心我了，我再不做什么事情了。够了！我又老又蠢，我什么都不晓得，我忘记了。我还忙活这飞翼做什么呢？这一切都到魔鬼那里去吧！"

说完，他从桌上拿起那些写满字的纸揉成一团，扯碎了。

从这天起，达·芬奇的病情又加重了。麦尔兹预感到这回师父可能真的好不起来了，他几乎整天都在昏睡着，不知人事。

（三）

麦尔兹对师父非常热爱。在跟随达·芬奇这么多年来，他觉得达·芬奇并非否认上帝的。因此，他想起师父也许要没有经过忏悔的仪式死去，心里就感到很难过。但他不敢同师父说起这个事，因为师父经常说他是不信上帝的。

这天晚上，麦尔兹坐在床边，呆呆地望着师父，心里一直在想着这件事。

忽然，达·芬奇醒了过来，看到坐在身边的麦尔兹。

"你在想什么，我的孩子？"达·芬奇问麦尔兹。

"古叶谟修士今天早上来过这里，"麦尔兹有点不自然地说，"他要见您，但我拒绝了。"

达·芬奇看着他，看见徒弟的眼中含满了恳求、着急和希望。

达·芬奇把他瘦削的手放在麦尔兹手上，微笑着说：

"我的孩子，你叫人到古叶谟修士那里去，请他明天来我这里吧。我要忏悔，要领受圣餐。还有，请公证人布罗先生过来。"

第二天早晨，复活节前的星期六，即4月23日，公证人布罗先生来了，达·芬奇向他口授了遗嘱，公证人将其记录下来：

"我把我的灵魂托付给全能的上帝……托付给圣洁的玛利亚，托付给庇护者圣米哈伊尔，托付给所有的保护天使和天堂里所有的圣人！"

接着，达·芬奇分配了自己的遗产：将留下的400个弗洛林币赠给他的弟弟们，虽然曾与弟弟们打过官司，但这笔遗产算是他完全和解的表示；他的所有书籍、科学仪器、机器、手抄本等，赠给他的徒弟弗朗切斯科·麦尔兹；克鲁庄园里的家具和米兰的半个葡萄园赠给他的老仆人；另外半个葡萄园则赠送给他的另一个徒弟。

关于丧事费用及其他一切，他请求公证人会同他的徒弟麦尔兹商议，又指定麦尔兹为他的遗嘱执行人。

麦尔兹同布罗先生商议，准备给师父举行葬礼，借以证明：无论外人怎样传说，达·芬奇在去世时都是教会的忠实信徒。

达·芬奇同意了这一意见。为了表示麦尔兹要举行的盛大葬礼的主张是他自己的主张，他将那些做送终弥撒用的蜡烛从原定的8磅改为10

磅，施舍给穷人的钱也从原定的50个杜兰苏改为70个杜兰苏。

在遗嘱立好后，证人尚未签字之时，达·芬奇又想起了他唯一的女弟子兼厨娘马捷琳娜。于是，布罗先生又在遗嘱的后面加了一款，即赠给她一件上等黑布缝的衣服、一顶镶皮的布帽子和一些钱财，以酬谢她几年来的忠心服务。

这时，古叶谟修士带着圣餐进来了，大家都走了出去。

修士出来之后告诉麦尔兹：达·芬奇是虔诚而顺从神意地履行教会一切仪式的。这样一来，麦尔兹完全安心了。

5月2日，达·芬奇病危，麦尔兹和古叶谟修士发现他的呼吸渐渐衰弱，修士于是开始念送终经。

不少文章记载：1519年5月2日，达·芬奇在克鲁庄园病逝，享年67岁。但关于他死时的情景，却是众说纷纭。有的书中称：

"这位天才躺在法国国王的怀里溘然逝世，享年75岁……"

还有的书中记载：

"他无力地倒在枕头上。完结了……"

但比较真实的情况是：达·芬奇去世时是67岁，而不是75岁。

尊重死者的愿望，他的遗体在地上放了3天之后才下葬。

在下葬时，遗嘱上规定的一切都遵照施行：教士和修士随枢而行，60个送葬者拿着60支蜡烛；安波斯地方的4个教堂为他做了3场大弥撒和30场小弥撒；70杜兰苏施舍给本城圣拉撒医院内的贫民们。从这一切可以看出：这一天下葬的是教会的一名忠实信徒。

达·芬奇去世时，麦尔兹哭红了眼睛。他忍着巨大的悲痛，整理老师留下来的素描，其中有一幅是达·芬奇在晚年时期作的一幅自画像素描。

这是一幅用红蜡笔描绘的珍品，画面上，波浪起伏的长发，修长的灰白胡须，高高的开阔的前额覆盖着深深的皱纹，浓密的双眉，闪着智慧之光的双眼，紧闭的双唇带着一丝哀痛的微笑……

没想的是，这竟然成了达·芬奇的遗像。

整理完遗物后，麦尔兹和其他徒弟们都决定回米兰去。在临走前，麦尔兹说：

"失去这样一个人使所有人都感到哀痛，因为大自然还不可能让这样一个人再生。而且，只要我活着，我将时时刻刻感受到这样的伤痛。"

这是当时唯一一个能估量达·芬奇伟大的人。几个世纪以来，人类之中的确再也没有出现过像达·芬奇这样多方面的杰出天才。

几天后，达·芬奇生前最疼爱的几位弟子收拾行装，一步三回头地向老师的亡灵告别，踏上了去往米兰的旅程……

达·芬奇生平大事年表

1452年4月15日　列奥纳多·达·芬奇生于意大利佛罗伦萨以西约20里阿诺亚河边的芬奇镇。母亲为一个贫妇，父亲是当地的一名公证人。达·芬奇是父母的非婚生子。

1469年　举家迁居佛罗伦萨，达·芬奇被父亲送到维罗奇奥的画室正式学画。

1472年　在维罗奇奥画室学成出师。

1473年　画了一幅记着日期的素描《阿尔诺风景》。在其师维罗奇奥的板面油画《基督的洗礼》上画天使之一，天才显露。

1473—1475年　完成板面油画《受胎告知》。

1475年　完成板面油画《加罗法诺的圣母》。

1477年　开始画《贝诺亚圣母》。

1478—1479　完成油画《贝诺亚圣母》。

1478—1480年　进行板面油画《圣哲罗姆》的绘制。

1481年　受托为佛罗伦萨市政厅韦奇奥宫绘制祭坛画，但未完成。

1482年　离开佛罗伦萨移居米兰，在米兰大公斯弗查宫廷服务。

1483—1490年　完成油画《岩间圣母》，开始制作斯弗查骑马塑像。

1484—1486年　米兰发生瘟疫，死人无数，达·芬奇提出修地下水道，净化食用水。

1485—1490年　完成板面油画《抚貂的女人》。

1489年　设计米兰公爵宫廷服装及其他装饰品，包括马具等装饰。

1490年　重新制作斯弗查骑马塑像。作板面油画《音乐家像》，未完成。完成板面油画《女性肖像》《拉·贝尔·佛罗尼艾像》《哺乳圣母》等。开始系统研究解剖学、光影学，到巴维亚阅读13世纪波兰学者维太罗的透视学著作，并写了不少关于透视学、画家守则和人体运动方面的笔记。

1493年　展出泥塑斯弗查骑马像。

1494年　佛罗伦萨第二次起义，美第奇家族被赶出佛罗伦萨。

1495—1498年　为米兰圣玛利亚·德拉·格拉奇耶修道院食堂绘制壁画《最后的晚餐》。

1499年　米兰公爵赐予达·芬奇一座葡萄园。法军侵入米兰，达·芬奇逃离米兰。

1500年　游历威尼斯，后回到故乡佛罗伦萨。

1501年　绘制《圣人安妮》的草图。

1503年　开始创作油画《蒙娜·丽莎》。绘制《安吉利亚之战》的草图。

1504年　父亲皮埃罗逝世。

1506年　《蒙娜·丽莎》完成。应法国驻米兰总督之邀，前往米兰。

1507年　回到佛罗伦萨。创作油画《丽达与天鹅》。

1508年　再次前往米兰。

1510—1513年　完成板面油画《圣人安妮，圣母玛利亚和神童》。

1511年　与解剖学家马克·安东尼奥相识，共同进行解剖学和植物学的研究。

1513年　偕弟子弗朗切斯科·麦尔兹离开米兰，前往罗马，结束了他的"米兰第二时期"。

1515年　法国弗朗西斯一世重占米兰，邀请达·芬奇到法国，为法国宫廷服务。

1516年　参加罗马圣保罗教堂的测量工作，同年离开罗马前往法国。

1517年　定居在安波斯城，住在弗朗西斯一世赠予他的克鲁庄园中，从事人体解剖学的著述及各种机械的研究等。

1519年5月2日　达·芬奇在克鲁庄园病逝，终年67岁。